Bild zum Cover:

Es mutet fast wie eine Kinderzeichnung an. Das Bild hat die Aussage, dass wir mehrere Leben führen. Diese sind durch Farben und Linien symbolisiert. Unsere Seele ist dabei wie eine Schale, die unser Bewusstsein und unseren Willen enthält. Sie führt mit uns unsere Leben und bringt die daraus entstandene Individualität zu unserem Wesen zurück.   (A4)

Ich war
dreimal tot

Über den Sinn von Grenzen.

Günther Messerschmid

Bibliografische Information der Deutschen Nationalbibliothek: Die Deutsche Nationalbibliothek verzeichnet diese Publikation in der Deutschen Nationalbibliografie; detaillierte bibliografische Daten sind im Internet über dnb.dnb.de abrufbar.

Herstellung und Verlag:
BoD - Books on Demand, Norderstedt

ISBN 9 783754 327050

Inhalt

KAPITEL I: Gegenwart

1. Vorwort

Wir Menschen meinen, dass das Leben hier auf der Erde in Stein gemeißelt ist. Das es fest wie Beton ist und unveränderlich. Wir meinen und lassen uns einreden, dass es außer dem Leben auf der Erde kein anderes Leben im Universum gibt.

Es ist so wie vor ca. 400 Jahren, als Galileo Galilei sein Weltmodell veröffentlichte, nämlich die Erde sei rund und kreist um die Sonne. Er hat nicht nur exakt beobachtet, er hat auch die richtigen Schlüsse gezogen.

Ähnlich ist es heute wieder. Die Menschheit steht vor einer großen und für sie wichtigen Erkenntnis und sie sagt erst mal: Nein, das kann nicht sein. Wahrscheinlich braucht es einige Generationen von Menschen, die dann in der Lage sein werden, ihre höheren Sinne anzunehmen und die Erkenntnisse aus ihnen als Möglichkeit der Entwicklung anzunehmen.

Im Grunde ist die Behauptung einfach:
Der Mensch hat eine unsterbliche, raum- und zeitlose Seele. Über seine Seele ist ein Mensch mit allem verbunden, was ist.

Wir brauchen unsere Wahrnehmung nur anzunehmen, damit wir in die Lage kommen, unsere Seele zu verstehen.

Wie alles zusammengehört, welchen Grund unser Leben auf der Erde hat und zu welchem Zweck dies alles dient, dazu mehr im folgenden Text.

2. Menschheitsgeschichte

Was sind 100 Jahre in der Erdgeschichte? Nichts!

Was sind 100 Jahre in der Menschheitsgeschichte? Nicht viel!

Was sind 100 Jahre für einen Menschen? Alles!

Nehmen wir die Neuzeit als das Ende der Aristokratie und dem Ende des 1. Weltkrieges, so ist in den letzten 100 Jahren, aus menschheitsgeschichtlicher Sicht viel passiert. Die Elektrifizierung hatte gerade begonnen und die weitere technische Entwicklung nahm gerade Fahrt auf.

1920 hatte ein Mensch noch keine Ahnung von dem, was 100 Jahre später alles möglich sein würde. Eine Kettenuhr und ein Gehstock waren chic, wie das Bild mit Großvater zeigt.

Bereits 40 Jahre später, um 1960 beim Bau einer „Schneefrau" hatte sein Sohn noch keine Ahnung davon, dass Amerikaner gerade dabei waren, einen Flug zum Mond zu planen und auch durchzuführen.

Beide Generationen wussten noch nicht, dass Menschen um das Jahr 2020 mit kleinen bunten Kästchen telefonieren, fotografieren und vieles machen können, von dem sie noch nicht einmal eine Ahnung hatten.

Was denken und wissen Menschen von heute, also um 2022 über das, was in 100 Jahren sein wird?

Nichts, wir können nur vermuten und - hoffen. Ein Teil unserer Geschichte ist der Umgang mit Religionen. Während die Entwicklung für Menschen in fast allen Lebensbereichen weiter schreitet, bleibt sie bei Religionen nahezu stationär. In allen großen Religionen herrscht Stagnation. Sie leben nicht und schreiten nicht mit der Entwicklung der Menschen voran, sondern sie bleiben stehen und bevorzugen den Glauben, den Menschen schon vor vielen Jahren hatten, teilweise vor Jahrtausenden.

Nehmen wir als Beispiel das eines Propheten vor 2.000 Jahren. Er musste doch in einer ganz anderen Sprache, mit ganz anderen Worten und mit ganz anderen Beispielen sprechen, um

9

von den damals lebenden Menschen überhaupt verstanden zu werden. Ist das richtig? Ist es richtig, wenn die Menschen, die nach den Religionsgründern lebten und leben, nicht gefragt werden? Ihre Meinung, ihre Wahrnehmung und ihre Erfahrung keine Rolle spielen?

So kommt es, dass heutzutage ein schwarzes Loch in vielen Lichtjahren Entfernung wichtiger ist wie unsere Entwicklung als Menschen. Das Beispiel soll Prioritäten verdeutlichen. Das schwarze Loch können wir rein physikalisch nie erreichen, nur uns selbst sind wir wirklich nahe.

Die Raumfahrt ist ein Kennzeichen dafür, wie sehr sich die Menschheit per Galopp in die falsche Richtung bewegt. Wir haben einen neuen Mammon, der uns regelrecht beherrscht. Es ist der Glaube an die Technik und die Verehrung des Kapitals. Die Technik lässt sich jedoch in der Materie nicht grenzenlos weiter entwickeln. Sie hat ihre Grenzen erreicht. Wir können noch verbessern, aber etwas grundsätzlich Neues wie der elektrische Strom oder Motoren wird es nicht mehr geben. Grund ist, dass die Materie einfach nicht mehr hergibt und ihre Grenzen erreicht sind.

Das genaue Gegenteil ist es mit Kapital. Da Kapital nicht mehr Ausdruck eines Wertes ist, also gebunden bzw. begrenzt ist, sondern sich verselbstständigt hat, somit keinen realen Bezug zum Leben hat, sind ihm keine Grenzen gesetzt. Kapital hat in der Materie keinen Gegenwert mehr, es ist jetzt imaginär und wird nur durch Zahlen ausgedrückt. Und Zahlen kann man ohne Begrenzungen und Einschränkungen verändern. Was exakt dieses Thema angeht, sollten wir uns nichts anderes einreden lassen. In diese Diskussion könnte mit einfließen, dass man im Mittelalter Geld mit Rohstoffen bewertete. Zum

Beispiel war ein Barren Silber den Betrag X an Talern wert. Nur gibt es kein Material, das man zur Sicherung von Geld wirtschaftlich verwenden könnte.

Das ist auch nicht das Thema des Buches. Thema ist die Veränderung des Glaubens der Menschen. Menschen glauben in der Neuzeit an die Technik (Beispiele: Handys, Computer, Raumfahrt). Sie interessieren sich weniger für die eigene, geistige und dafür mehr für die körperliche und materielle Entwicklung. Es besteht zwischen diesen Merkmalen keine Ausgewogenheit. Unsere eigene Entwicklung ist doch mindestens genauso wichtig wie ein schnellerer Prozessor oder ein Hopser in die Erdumlaufbahn.

Wir wissen über unseren Körper hinaus noch wenig über uns. Von unserer geistigen Wirklichkeit haben wir wenig Gewissheit und fast keine Ahnung. Wir haben uns nur einen kleinen Teil dessen erschlossen, was wir als Menschen können und zu was wir fähig sind. Wir haben es in der Materie sehr weit geschafft. Wir sind darüber hinaus noch wie Novizen und wissen herzlich wenig über uns. Es liegt auch in unserer Natur, leicht zu glauben. Also das, was gesagt wird, ohne eigene Prüfung oder Überprüfung anzunehmen. Derjenige, der etwas behauptet, muss nur irgendwie glaubhaft sein. Die Rede ist nicht von Lehrern in Schulen, die Rede ist von Meinungsbildnern. Die finden wir überall. Wenn die richtigen Meinungsbildner am Werk sind, rennen Menschen sogar in den Tod. Wir sind oft bereit, anderen Menschen mehr Glauben zu schenken, als uns selbst.

Er oder sie muss nur vermögend sein oder politischen Einfluss haben oder sonst irgendetwas, dass ihn/sie über die „Masse" erhaben macht. Und schon ist ein „großes Mundwerk", das es sich getraut, auch öffentlich etwas zu behaupten, „in". Ein Cesar oder ein Hitler reichen schon, damit wenigen die Massen folgen. Hauptsache, es ist etwas behauptet. Nicht so wichtig ist es oft genug auch vor einem Mikrofon, dass die Wahrheit gesagt wird. Die Unwahrheit zu sagen, scheint immer Mode zu sein. Wenn überprüft würde, was öffentlich behauptet wird, würden die Aussagen oft genug nicht stimmen.

Das Thema, die Unwahrheit zu sagen, lässt sich ausbreiten. Wir finden die Unwahrheit überall. Weniger gut ist, wenn uns die Unwahrheit zu einer Handlung verleitet, die wir eigentlich nicht wollen. Nehmen wir hierzu als Beispiel den Brexit. Es ist klar, dass viele gerade ältere Engländer ihr starkes Großbritannien zurückwollen. Die alte Stärke in unserer Welt hat doch manches Wunschdenken ermöglicht. Die jüngeren Menschen in England haben eher die Vorteile gesehen, wenn Europa näher zusammenrückt.

Es hatte nur einige Meinungsbildner gebraucht, die bereit waren, die Unwahrheit zu sagen und dadurch ein ganzes Volk umzustimmen. Und schon gab es den Brexit. Die Kritik geht jedoch weniger an die, welche die Unwahrheit sagen, sei es nun eine nicht wirklich freie Presse, die von Werbumsätzen oder Eigentümern abhängig ist oder seien es Politiker. Sie können nicht anders. Die Kritik geht an jeden Einzelnen, der sich nicht selbst bildet, es sich einfach macht und die Meinung anderer übernimmt.

Die wirkliche Entscheidungsfindung in einem Land und einer ganzen Bevölkerung kann einige Jahre dauern. Sie kann dann kommen, wenn ein Volk bereit ist, sich nicht nur vom „ich" denken steuern zu lassen, sondern auch im „wir" zu denken bereit ist.

3. Warum dreimal tot?

Wenn ein Herz aufhört zu schlagen, tritt der Tod ein. In manchen Situationen wird ein Mensch reanimiert und kann, wenn alles klappt, gesund werden und weiterleben. Die Medizin ist heute so weit, dass sie auch Leben erhalten kann. Also über das zurückführen ins Leben, die Reanimation, auch das Halten des Lebens in einem Körper. Ein ärztlich orientierter Mensch würde wohl eher erhalten des Lebens in einem Körper schreiben. Wenn man gesehen und gefühlt hat, wie eine Seele nicht aus dem Körper austreten kann, weil das Leben noch durch die Gerätemedizin in einem Körper gehalten wird, denkt man etwas differenzierter.

Da gibt es den Teil in uns, der nicht gemessen und nicht gewogen werden kann. Der Teil, der uns ausmacht. Der Teil, den wir nicht sehen können und dessen Manifestationen wir nur über unseren Körper zum Ausdruck bringen können. Sie wissen schon, worüber wir reden? Wir reden über unsere Seele.

Wenn wir Gott suchen, finden wir nur seine Manifestationen, das Leben. Und wenn wir unsere Seele suchen, finden wir nur ihre Manifestation, unseren Körper. Das ist doch genug, um damit über materielle Grenzen hinwegzusehen und auf unsere Imagination zu achten. Unter Imagination ist an dieser Stelle unsere Vorstellungskraft und unsere Fantasie gemeint.

Für den Leser zur Vorgeschichte:

Mit ca. 3 Monaten (1955) hatte ich einen sexuellen Missbrauch durch meine Mutter, die mit einem Zahnstocher aus Holz und Salatöl eine bei kleinen Jungs oft vorkommende Phimose (Vorhautverengung) behandeln wollte. Dies hatte sie auf Anraten einer katholischen Schwester getan, wobei sie jedoch anstelle eines Streichholzes einen Zahnstocher nahm und im Laufe ihrer Behandlung versuchte, mich sexuell zu stimulieren. Die Prozedur war so verletzend, dass ich als Baby entschied zu gehen, oder um es mit einem weltlichen Begriff auszudrücken, zu sterben.

Nachdem ich aufhörte zu schreien, zu atmen, und mein Herz auch nicht mehr schlug, packte mich meine Mutter in einen Korb und brachte mich zu jener Schwester. Während dieser Minuten wurde ich, wie bei einer späteren Rückführung offenbar wurde, von der anderen Seite getröstet und wieder zurückgesandt. Von meiner Mutter selbst wurde ihr Geheimnis nach jener Rückführung nach 40 Jahren gelüftet. Sie teilte mir dabei ihre Sicht der Dinge mit. Mein 10 Jahre älterer Bruder bestätigte mir nach 65 Jahren das Geschehen. So kann ich also wirklich davon ausgehen, dass sich alles so zugetragen hat, wie es sich in meinem Verhalten, meiner Erinnerung und der Rückführung zugetragen hatte.

Was war die Folge dieser Handlung? Erst nach der Rückführung 1995, war ich in der Lage, Berührungen von Männern im Sexualbereich zuzulassen, von Frauen nie.

Das könnte für andere Kinder bedeuten, dass prägende Situationen im Alter bis zu etwa zwei Jahren, also ungefähr bis dann, wenn die bewusste Erinnerung beginnt, für unser Leben entscheidend sind. Ich war seit dem Geschehen homosexuell und in diesem Leben nicht mehr in der Lage, ein normales Leben zu führen. Andererseits hat mich meine Mutter davor bewahrt, den für Männer üblichen Weg zu gehen, eine Familie zu gründen, ein Haus zu bauen und das Leben normal, also gesellschaftskonform zu führen.

Die weiteren zwei Situationen, in denen mein Herz 5 min. und 20 min. aufhörte zu schlagen, waren während Operationen im Jahr 2019. Die Erinnerungen, besonders an den 20 min. Herzstillstand, und was dabei auf der anderen Seite abgelaufen ist, lasse ich bei mir ruhen. Unsere Seele wird durch Medikamente nicht betäubt und kann uns Erinnerungen mitteilen, wenn sie es für nötig hält.

Alle Herzstillstände und die Erinnerungen daran sind für mich jedoch Beweis genug, dass es ein Leben nach dem Tod gibt. Was ich durch sie erreicht habe, ist eine gewisse Professionalität im Sterben. Das, wovor besonders unser EGO und unser Körper Angst haben, ist die Angst vor der auf den Tod folgenden vermeintlichen Nichtexistenz. Eine andere Form nimmt jedoch auf der materiellen Ebene nur unser Körper an, er verwest.

Als geistiges Wesen sind wir unsterblich.

X. Glauben

Je weiter wir in unserer Entwicklung voranschreiten, desto mehr wird klar, dass über allem etwas stehen muss, das weitaus mächtiger ist, wie wir uns überhaupt vorstellen können. Das ist unsere Sicht. Die Sicht von dem Wesen oder der Macht, die uns und alles um uns herum geschaffen hat, ist sicher eine andere. Wichtig für uns ist, wir können uns dieser Macht nicht entziehen. Wenn wir das betrachten, was wir sehen und wenn wir das dann auch noch verstehen, lässt es nur einen Schluss zu. Dieses Wesen oder diese Macht ist dem Leben gegenüber freundlich gesinnt.

Wir mögen nicht alles verstehen, wir sehen auch sicherlich nicht alles, was ist. Und trotzdem, je weiter wir kommen, je weiter wir uns entwickeln, desto mehr glauben wir. Unser Wissen steigert sich und genau dieses Wissen ist es, welches unseren Glauben an das Leben oder etwas genauer - unseren Glauben an Gott stärkt.

Je weiter wir Menschen in unserer Entwicklung kommen dürfen, angefangen von jenem Zellhaufen vor vielen Millionen Jahren bis hin zum menschlichen Körper und unserem Geist, der darin lernen darf. Es ist nicht nur ein Wunder, es ist Liebe. Liebe für das Leben, der Glaube an das Leben und der Wunsch, das Leben zu fördern.

Das brauchen alle Wesen, der Wunsch nach Liebe, angenommen sein und gefördert werden. Das ist der Teil, den wir erhoffen. Von uns wird erwartet, dass wir dem Leben respektvoll begegnen und es mit Würde behandeln. Mit so einem Verhalten kämen wir unserem Charakter nicht nur nahe, dann hätte auch das Böse in uns keinen Platz.

16

X. Der Glaube an Gott oder der Glaube an das Leben

Es ist einfach, an das Leben zu glauben, weil es überall statt-findet und weil wir selbst ein Teil davon sind. Es ist viel einfa-cher für uns, auf das Leben zu schauen, weil wir dadurch die Manifestationen Gottes überall sehen. Wir können Gott selbst nicht sehen oder uns eine Vorstellung davon zu machen, wie „er" aussieht. Unser Vorstellungsvermögen wird bei Weitem überschritten bzw. es ist uns nicht möglich. Ob wir an Gott glauben oder seine Manifestation sehen, macht jedoch keinen Unterschied. Ob wir das Gras auf einer Wiese betrachten oder einem Schmetterling hinterherblicken, er ist in allem, was ist.

Wir sehen das Leben überall. Ohne die Manifestation des Göttlichen gäbe es das Leben im Kosmos nicht. In der Materie und vor allem im Leben an sich. Wir haben das Göttliche in uns und um uns herum. Dass wir unser Leben hier unbeein-flusst führen dürfen, ist ein Zeichen der Freiheit, die er uns gibt. Das Leben, und zwar alles Leben, das existiert, erhalten wir von Gott. Aus dem Leben folgt die Kraft. Diese Lebens-kraft ist allgegenwärtig, sie ist göttlicher Natur.

Wir Menschen sind ein kleiner Teil davon. Was wir einbrin-gen können und dürfen, ist unser Wille. Das göttliche Prinzip lässt in dem Bereich, indem wir wirken, uns zu und mischt sich nicht ein. Wir dürfen schalten und walten, wie wir wollen. Begrenzungen, die über die der Materie und des Lebens hinaus gehen, kommen nur von uns Menschen und sind von uns Menschen gemacht.

Schauen wir ein bisschen auf die Größenordnung unseres Uni-versums. Unser Universum hat geschätzte 150.000.000.000 Galaxien (150 Mrd.). Unsere Galaxie, die Milchstraße hat auch ungefähr genau so viel Sonnen, also 150.000.000.000 und fast jede Sonne hat Planeten und Monde. Und das ist nur unser bekanntes Universum. Aus der spirituellen Arbeit wissen wir, dass es neben diesem Universum mit seinen Gesetzmäßigkeiten noch andere Universen gibt.

Das Universum ist also sehr groß, so groß, dass wir es nicht verstehen. So ist auch der Versuch von Menschen zu sehen, Menschen auf andere Planeten zu senden. Für unser Wissen um die Größe der Schöpfung mag es nützlich sein. Es mag auch dabei hilfreich sein, die Schöpfung besser zu verstehen. Es ist im Rahmen der Dualität, dass wir versuchen, in unserem Äußeren unser Fortkommen zu finden. Genauso wichtig wäre es, unser geistiges Inneres zu erforschen. Dann wäre das Gleichgewicht da. Wir beschäftigen uns aber lieber mit unserem Äußeren, auch mit den uns umgebenden Sternen und Galaxien, um ja nicht nach uns selbst schauen zu müssen. Um uns zu unserem geistigen Sein zu entwickeln, dafür brauchen wir die Reisen auf andere Planeten nicht. Die wirklich abenteuerlichen Reisen, die Reisen, die uns wirklich weiterbringen, die Reisen, die uns selbst und Gott näherbringen, finden in unserem Inneren statt - in uns.

Es wäre ein nutzloses Unterfangen, wenn wir uns von Gott ein Bild machen wollten. Wir können es einfach nicht, es würde die Möglichkeiten unseres Verstandes überschreiten. Es reicht doch schon, wenn wir seine Manifestation überall sehen. Aber darauf kommt am besten jeder selbst. Das Verbieten widerspricht unserem in unserer Natur liegenden Wunsch nach Freiheit.

X. Materie

Die wesentlichen Unterschiede in der Materie zu unserem geistigen Sein sind (einige Beispiele):

Materie (Realität):	geistiges Sein:
- Tod	- Unsterblichkeit
- Vergänglichkeit	- Dinge bleiben so wie sie sind
- Schmerzen	- Wohlbefinden
- getrennt sein	- Zusammengehörigkeit

Das Kennzeichen der Materie ist Veränderung. Das mag vom Leser kaum akzeptiert werden können. Weil es nach seiner Meinung Dinge aus Materie gibt, die sich nicht verändern. Der kritische Leser wird sagen, dass es Elemente gibt, die sich nicht verändern, z. B. Gold oder Diamanten. Das glauben wir.

Wenn wir Zeit aber lange genug auf diese Elemente wirken lassen, werden sich auch Gold und Diamanten verändern. Für diese Aussage spielt Zeit keine Rolle. Als Gegensatz gibt es in der Materie Stoffe, die sich sehr schnell verändern, z. B. Materialien in Feuer oder Plasma. Weitere Merkmale, die entstehen, sobald Materie eine Grundlage für die Existenz von Leben wird, ist Zeit und Raum. Durch die Veränderung wird die Wirkung von Zeit auf Materie deutlich und kann von uns wahrgenommen und gemessen werden.

Materie ist nur eine Erscheinungsform von Energie. Sie kann nicht anderes sein, weil alles Energie ist - in unterschiedlichen Formen. Nur die menschliche Fantasie macht es möglich, dass die Gesetze der Materie durchbrochen werden. Sobald ein geistiges Wesen eine materielle Form annimmt, muss es auch die Gesetze der Materie annehmen. Deshalb ist ein Körper sterblich, weil er aus Materie besteht und die sich verändert. Unser geistiges Wesen nimmt die körperliche Form in der Materie nur mit einem kleinen Teil von sich, dem EGO an. Das EGO erfährt dadurch die Dualität, also den Gegensatz und lernt seinen eigenen Willen, seine Entscheidungsfähigkeit und die Folgen von Entscheidungen kennen.

Zurück zur Materie. Auch wenn unser Universum nach unseren Maßstäben sehr groß ist, ist es für ein geistiges Wesen möglich, zu jeder Zeit in die Materie zu gelangen. Das ist auch ein Grund, warum ein geistiges Wesen zu jeder irdischen Zeit inkarnieren kann. Das eine Mal nimmt es ein Leben als Mutter nach unserer Zeitrechnung vor 500 Jahren in England an und ein anderes Mal als Soldat vor 1.000 Jahren in China oder Japan. Unser Wesen muss dazu das ganze Leben führen, also auch ein Kind sein. Es bleibt dazu im Jenseits zurück, um unserem EGO in dem jeweiligen Körper Platz zu machen. Das ist notwendig, damit sich unser EGO frei entfalten kann. Weil unser EGO ein Teil von uns ist, und wir nicht von ihm, lernen wir uns durch jedes Leben, das wir führen, besser kennen.

Das ist auch ein Grund, warum diese Dualität für unsere Entwicklung zu unserem wahren Sein so interessant ist. Sie ermöglicht uns alle hier auf der Erde möglichen Formen des Lebens anzunehmen. Wir lernen im Ansatz dadurch, was Leben wirklich ist. Das ist auch der Grund dafür, dass wir das Gute und das Böse hier kennenlernen. Wir kommen in unserer Entwicklung erst weiter, wenn das Gute und das Böse in uns ausgeglichen sind. Es sollte keine Einstellung in uns überwiegen, damit ein Ausgleich da ist und wir mit unserem Willen frei und unabhängig entscheiden können.

Wir führen so lange diese Leben hier auf der Erde, bis wir das verstanden haben. Wir können uns in einem Leben für das Böse oder das Gute in uns entscheiden. Wir kommen erst weiter, wenn wir den Ausgleich in uns gefunden haben. Den Ausgleich der Dualität in uns. Das ist die Voraussetzung für die freie Entscheidung. Und um diese geht es. Es geht hier auf der Erde darum, dass wir lernen, unseren Willen wirklich frei und unabhängig einzusetzen. Sobald wir durch die erlangte Entscheidungsfreiheit der Liebe in uns Ausdruck verleihen können, ist der Weg frei für unsere weitere Entwicklung.

Solange wir an eine Seite gebunden sind, solange wir entweder gut oder böse sind und nach diesen Grundeinstellungen entscheiden, solange sind wir nicht wirklich frei. Erst wenn wir den Gegensatz verstanden und verinnerlicht haben, kommen wir in unserer Entwicklung weiter. Es geht darum, dass wir hier unsere Individualität mithilfe unseres Egos finden.

Voraussetzung für die eigene, unbeeinflusste Individualität ist, dass wir fähig sind, unsere Liebe für uns und für andere einzusetzen. Das können wir nur, wenn wir in der Lage sind, alle Kräfte in uns in die Richtung zu lenken, die unser Wesen möchte. Wenn wir das geschafft haben, wenn wir unsere Individualität gefunden haben und unsere Liebe frei von Einflüssen leben können, sind wir bereit, das Leben in der Dualität zu verlassen, um uns wieder mit unserem Wesen zu vereinen. Unser Wesen ist der Teil von uns, der über die Gesetzmäßigkeiten der Materie erhaben ist. Für diesen Teil spielen Zeit und Raum keine Rolle.

Zeit und Raum ist eine Erscheinung in der Materie, weil sich Materie verändert und daher Zeit ein möglicher Ausdruck der Materie ist. Durch diese Veränderung lässt sich Zeit definieren. Das eine bedingt das andere. Materie bedingt Zeit und Zeit bedingt Materie. Das Leben hat auch in diese Form Zugang gefunden. Bis aus reiner Materie eine organische Form gefunden wurde und in diese Form dann auch Leben Einzug gehalten hat, sind nach menschlichen Maßstäben Milliarden Jahre vergangen. Bis diese organischen Formen dann menschliche Züge angenommen haben, sind noch einmal Milliarden Jahre vergangen.

So ist auch das Universum zu verstehen, so wie wir es kennen. Es expandiert noch, es befindet sich noch in der Phase der Vergrößerung. Irgendwann wird es sich auch wieder verkleinern. Dann beginnt alles von Neuem. Es ist wie das Atmen eines Organismus. Wir brauchen an diesem Punkt nicht mehr Informationen. Wie alles im Universum hat auch das Universum selbst einen Zyklus. Diesen Lebenszyklus finden wir überall. Menschen sind nur oder immerhin ein Bestandteil des Ganzen oder besser: des Lebens.

X. Ein Trick, um Menschen zu steuern

Eine Möglichkeit, Menschen zu formen, damit sie sich in die Richtung entscheiden, die man von ihnen möchte, ist die Möglichkeit, deren Kontrolle und Selbstkontrolle zu umgehen, indem man sie ständigen Anforderungen aussetzt. Ziel ist die Vermeidung des Kopfeinschaltens, die eigene Bestrebung, sein tun mit den Anforderungen von außen gleich zu schalten. Realität sind Handys und PCs. Sie brummen immer und haben etwas zu melden. Und schon ist das Ziel, das Abschalten oder die Einschränkung der Selbstkontrolle erreicht.

Das hat mehrere Vorteile. Es hat aber auch einen wichtigen Nachteil, unsere Individualität geht verloren. Nehmen wir die Globalisierung, die Vergrößerung und Vereinheitlichung von Unternehmen und Staaten. Es werden immer größere Strukturen angestrebt, weil diese von immer weniger Menschen gesteuert werden müssen. Die Vereinheitlichung geschieht unter dem Deckmantel der günstigeren Kosten und schnelleren Verfügbarkeit. Es geschieht im Kleinen bei uns und im Großen bei internationalen Konzernen und Staaten. Kann man die Bestrebungen der USA, Chinas, Russlands oder der EU anders sehen?

Nicht nur über Jahrtausende entstandene Grenzen zwischen Kulturen werden abgebaut, auch die Grenzen um uns Menschen. Details seien an dieser Stelle nicht erwähnt, weil Grenzen abbauen auch Vorteile haben kann - theoretisch. Wir sollten jedoch bei unseren Überlegungen bedenken, dass eine Grenze abbauen auch immer eine Verhaltensänderung notwendig macht, um deren Entfall dauerhaft werden zu lassen. Ist es die natürliche Begrenzung von Wachstum, die man durch Ausschalten der Selbstkontrolle erreichen will?

X. Religionen

Die Menschheit macht den Fehler, früher lebende Menschen als Propheten, Gottes Sohn oder sonst etwas besonders Heiliges und Großes darzustellen. Diese Menschen waren den Gesetzen der Materie und dieser Realität genauso unterworfen, wie die heute lebenden Menschen. Vor 1.000, 2.000 oder 4.000 Jahren waren vielleicht die Umgebungsbedingungen, also die Bedingungen der Gesellschaften andere. Aber - die materiellen Bedingungen waren die Gleichen. Die Menschen sind heute den gleichen materiellen Bedingungen unterworfen, wie damals. Nur eines hat sich geändert, die Fähigkeit des Menschen, mit der Materie umzugehen.

Wir haben dazu gelernt und sind auch ein Stück schlauer. Wir können zum Beispiel Materie dazu bringen, dass sie fliegt. Das konnte vor 4.000 Jahren nur ein Stein, Pfeil oder Speer. Heute können wir selbst in Flugzeugen fliegen. So weit haben wir es gebracht, dass die Natur nicht nur Beispiel ist für Möglichkeiten, wir haben auch gelernt, mit der Materie soweit umzugehen, dass sie uns dient und wir ihr nicht mehr unterworfen sind.

Menschen benötigten früher und benötigen auch heute noch Anführer, die sagten, wo es lang gehen soll. Menschen haben sich entschieden, in Gruppen zu leben, deren Gesetze anzunehmen und sich der Führung Einzelner zu unterwerfen. Diese waren in der Reihenfolge Pharaonen, Imperatoren, Kaiser, Könige und auch Religionsführer. Die Menschen und die Menschheit entwickeln sich jedoch weiter.

Es gibt den Weg, auf die innere Stimme zu hören und gleichzeitig den Bedingungen der Gruppe zu folgen, in der man lebt.

Wir Menschen sind geistige Wesen. Um unsere Individualität zu finden, haben wir uns entschieden, hier in der Materie zu leben. Die Materie bietet die Umgebung, die wir benötigen, um unsere Individualität zu entdecken und kennenzulernen.

Zweifel? Hierzu einige Gegebenheiten der Materie bzw. der materiellen Welt = die Realität, in der wir jetzt leben:

Materie ist vergänglich (Vergänglichkeit).

Materie besteht nicht auf ewig. Da sich Materie verändert, folgt die Zeit. Materie und Zeit können nicht ohne den anderen existieren. Damit haben wir dann gleichzeitig die Erkenntnis von unserer Dualität. Diese Existenz, die wir im allgemeinen Verständnis Realität nennen, besteht aus Gegensätzen.

Tag-Nacht / Sommer-Winter / Mann–Frau / Kind–Greis / Arm–Reich usw.

Materie ist am Ende auch eine Form von Energie, mit dem Zusatz, dass sie sich verändert. Die uns bekannte Materie verändert sich im Laufe der Zeit, auch ein Stein. Altern, wie wir es kennen, ist nur ein Zeichen für Veränderung. Nichts bleibt gleich.

Und nun zurück zu Religionsgründern. Was Religionen gemeinsam ist, sie versuchen zu bewahren. Das was Menschen vor Tausenden von Jahren für wichtig Erachteten, in die Gegenwart zu übertragen. Was früher wichtig war und Gültigkeit hatte, braucht jedoch heutzutage keine große Bedeutung mehr zu haben. Die Menschen in der Bronzezeit hatten sicher einen anderen Entwicklungsstand, wie ein Mensch heutzutage. Sie hatten auch andere Dinge, die für sie wichtig waren und auf die sie achteten. Und sicher ist auch das, was von Religionsgründern gemeint und gesagt wurde, nicht über die vielen Jahrhunderte richtig und in ihrem Sinne, weitergegeben worden. Das bedeutet, so wie manches ursprünglich gemeint war, wurde es sicher nicht 1:1 ins Heute übertragen.

Die Quelle unserer inneren Stimme ist unser Wesen. Eine unserer Aufgaben ist es, zu unserem Wesen zu finden, weil es mit unserer Seele in Verbindung ist, also dem Teil von uns, der uns vom göttlichen Sein mitgegeben wurde.

In Religionen wird diese Stimme gerne als Gewissen dargestellt. Es ist nicht wichtig, welchen Namen wir der Stimme geben. Von Interesse ist die Bedeutung der inneren Stimme für uns. Sie zu finden und wie unser Eigentum zu behandeln, für das wir verantwortlich sind, ist keine leichte Aufgabe. Wird die Stimme doch von allem Möglichen überlagert. Sei es in unserem Inneren die karmischen Erlebnisse, also Ereignisse aus früheren Leben, die so stark sind, dass sie sich auf dieses Leben auswirken können. Oder Fremdbesetzungen von Wesen, die uns ihren Willen aufzwingen wollen. Oder auch äußere Einflüsse wie die der Gesellschaft, in der wir leben, durch die Erziehung oder Umweltbedingungen.

X. Kirchen und Religionen

Wenn wir die großen und alten Religionen betrachten, ist an ihnen vieles richtig. Nur weil sie alt sind, sind sie nicht falsch. Was vor 2.000 Jahren richtig war, braucht heute nicht unwahr zu sein. Wir sollten nur bereit sein, unseren gesunden Menschenverstand einzusetzen und dabei unserem Herzen die gleiche Bedeutung geben, wie unserem Verstand, wenn wir unserem Glauben weiterentwickeln. Es ist nicht so wichtig, welcher Kirche wir angehören, ob wir zum christlichen, islamischen, jüdischen, hinduistischen oder buddhistischen tendieren. Vieles wird leichter, wenn wir unseren Glauben, den wir mehr oder weniger alle in uns tragen, auch ins Äußere tragen. Dabei können uns die Kirchen und da wir dabei nicht alleine sind, andere Menschen helfen.

Darüber lässt sich leichter diskutieren, als es verstehen. Unser Herz ist keine Verstandesangelegenheit. Wir können oft erst lange Zeit nach einer persönlichen Herzensentscheidung verstehen, warum sich unser Herz so und nicht anders entschieden hat.

Es ist riskant, wenn wir Religionen nicht auf einem sicheren Stand halten, sondern sie sich ohne Bezug zur Realität und zur Spiritualität weiter entwickeln lassen. Die Begründung ist einfach. In früheren Zeiten war es so, dass sich Menschen an ihre Umgebung anpassten. Zu Beginn der Hordenbildung unterwarfen sie sich einem Häuptling, später einem König. Es hatte wenig gedanklichen und wörtlichen Austausch zwischen Menschen gegeben. Es wurde streng hierarchisch, also von oben nach unten regiert, auch weil die Kommunikationsmittel fehlten. Heute ist es durch die bessere Technik und der Weiterentwicklung der Menschen möglich, dass sich auch die Politik und die Religionen weiterentwickeln. Ob die Mächtigen dieser Erde es wollen oder nicht, eine Demokratisierung der Völker findet statt. Wir sollten lediglich darauf achten, dass Grenzen eingehalten werden. So wäre zum Beispiel eine wichtige Grenze die des Eigentums.

Eine Situation, in der einigen wenigen (Personen oder Unternehmen) alles gehört, darf es nicht geben. Das einige wenige Menschen über viele Menschen unkontrollierte Macht haben, gehört eigentlich der Vergangenheit an. Es ist nicht mehr nötig, dass sich ganze Völker von einigen wenigen Menschen dirigieren lassen. Dabei ist es nicht so wichtig, welches System in einem Land gerade vorherrscht.

Menschen müssen das Recht haben, über sich selbst zu entscheiden. Es darf nicht mehr länger sein, dass einige wenige sich für besser halten und aus dieser Einstellung heraus meinen, über andere Menschen regieren zu können. Sei es politisch, wirtschaftlich oder wissenschaftlich.

Ein Mensch ist und bleibt ein Mensch, egal ob er ein Bauer ist oder ein Politiker. Das, was gerne unterscheidet zwischen Gut und Böse, schlau oder dumm, arm oder reich usw., ist nur unser EGO. Dieses macht solche Unterscheidungen gerne und hebt sich nach Möglichkeit über die Masse heraus.

Dabei bleiben wir am Ende das, was wir sind: MENSCHEN.

Die Aufgabe von Religionen wäre es, die Spiritualität von Menschen zu fördern, zu schützen und zu bewahren. Kirchen hätten die Aufgabe, Religionen zu vertreten. Die Kirchen wären die Verbindung der Gläubigen einer Gesellschaft zum jeweiligen Staat und den Vertretern des Staates. Für Religionen ist es nicht so wichtig, welche Kultur ein Land hervorgebracht hat. Es wäre sinnvoll für Menschen, wenn Kirchen, egal welche Religion sie vertreten, den Glauben einer Kultur vertreten. Eine katholische Kirche beispielsweise mag sich im Äußeren von einem buddhistischen Kloster unterscheiden, die Inhalte ergänzen sich mehr, wie die Gläubigen ahnen. Ähnlich verhält es sich in allen Religionen.

Wenn wir die Gottheiten des Hinduismus anschauen, und mit den in ihrer ganzen Pracht erscheinenden Geistern der Natur des Westens vergleichen, ist da kein großer Unterschied. Wenn ein spirituelles Geheimnis während einer von Rabbis geführten Einweihung von Juden zu Christen wandert, ist das zutiefst berührend und eine Bereicherung. Und wenn wir uns kein Bild von Gott machen sollen, fordert der Islam nicht mehr, wie unsere Fantasie kann. Nur, wenn ein Mensch es doch versucht, darf er nicht dafür bestraft werden. Die Freiheit, die wir alle haben, wird zu oft unterdrückt. Dass sich Religionen nicht mit den Menschen entwickeln, wird durch solche Beispiele deutlich.

Die menschliche Entwicklung geht weiter. Daher würden sich auch Religionen weiter entwickeln, wenn sich deren Kirchen weiter entwickeln würden. Es wäre deshalb für alle Menschen wichtig, wenn sich auch ihre Kirchen weiterentwickelten. Weiterentwicklung im Sinne von mehr Spiritualität.

Ob wir die Häuser Kirche, Moschee, Synagoge, Tempel oder Gottes Haus nennen, in denen wir dem göttlichen Sein näher kommen und ihm einfacher begegnen können, wie an anderer Stelle, ist nicht so wichtig. Wichtig für uns Menschen ist, dass wir glauben. Mit dem Glauben kommt auch die Fähigkeit der Wahrnehmung. Durch die Wahrnehmung ist es für einen

Menschen viel leichter, etwas von seiner Wahrnehmung zur Gewissheit werden zu lassen. Wenn wir nur auf unseren Verstand fixiert sind, also alles, was für ein Herz wichtig sein könnte, außer Acht lassen, beschränken wir uns selbst und wir nehmen uns die Möglichkeit zur geistigen Entwicklung. Wenn in diesem Text vom Herz die Rede ist, ist immer das Gefühl gemeint.

An dieser Stelle geht es nicht um Verurteilung. Es kann auch eine Lebenserfahrung sein, ohne einen Glauben aufzuwachsen und zu leben.

Einige Beispiele seien doch genannt, in denen Kompetenzen überschritten wurden. An ihnen kann man gut eine Richtung zum Guten oder zum Bösen erkennen. Die Inquisition oder die Christianisierung Amerikas sind zwei Beispiele, um zu verdeutlichen, dass die Glaubensumsetzung, etwas anderes sollten Kirchen oder Religionen nicht tun, viel zu weit gegangen ist. Beispiele lassen sich für jede Kirche aufführen.

Ein weiteres Merkmal ist, dass sich Spiritualität und damit auch die höheren Sinne mit den Mitteln der Materie nicht beweisen lässt. Wir können nur mit zeitlichem Abstand nachvollziehen, ob eine Prognose eingetroffen ist, oder nicht. Je nach Problemstellung können wir auch abwarten, ob eine Heilung eintritt oder nicht. Selbst wenn wir Ergebnisse auf der Hand haben, sind sie schwerlich wiederholbar. Wir können uns bei der Entwicklung der höheren Sinne an den Ergebnissen orientieren. Das ist mit der Beweisführung, wie in der Materie üblich, nicht möglich. Schalten wir doch unseren Kopf ein. Während in der Materie alles beweisbar ist, ist es bei den höheren Sinnen nicht so. Das entspräche doch der Dualität?

X. Grenzen - von der Natur gemacht

Damit ist klar, welche Folgen es hat, wenn die Grenzen von Lebewesen überschritten werden. Alles was lebt, hat Grenzen. Wenn diese überschritten werden, wird jede Art von Lebewesen verletzt. Die Schwere der Verletzung entscheidet darüber, ob ein Lebewesen bleibt oder ob es stirbt. Auch etwas ganz Großes wie die Erde hat im geistigen Bereich eine Entsprechung, bzw. besser ausgedrückt, eine Seele. Die Erde kann deshalb hier in der Materie auch sterben. Wir Menschen tun in der Neuzeit alles dafür, der Erde das Leben zu erschweren. Die Erde wird das nicht ewig dulden und sich gegebenenfalls abwenden. Zuvor würde sie sich als Platz, auf dem Menschen leben können, wehren. Und dieses wehren würde für die Mehrzahl der auf der Erde lebenden Menschen den sicheren Tod bedeuten.

Die Bedeutung von Grenzen wird uns allen immer mehr bewusst. Egal, wo wir hinsehen, ob in die Pflanzen- oder die Tierwelt. Immer mehr Arten verabschieden sich für immer. Sogar die Erde ist dabei, sich zu wehren. Wir zähmen ein Pferd und nutzen es für unsere Zwecke, nicht ohne achtsam mit ihm zu sein. Fordern, aber nicht überfordern. Das gilt für alles, ob für uns selbst, unsere Mitmenschen oder die Natur. Halten wir die Grenzen der Natur nicht ein, müssen wir mit ihrer Reaktion leben.

Die Menschheit benötigt aufgrund ihrer Anzahl und ihrer Bedürfnisse immer mehr Raum auf der Erde.

Wenn „man" mich reduziert, sei es politisch das Land, indem ich lebe oder Menschen, die ich liebe, egal - meine Reduzierung ist nur möglich, solange ich sie zulasse. Wenn es mir nicht anders möglich ist, kann ich mein Leben beenden. In dem Moment, in dem ich mich selbst aufgebe, in dem Moment brauche ich auch nicht mehr leben. Dann gebe ich auch das Leben auf. Nicht nur dieses, sondern das Leben. Und so scheint es auch mit der uns umgebenden Natur zu sein. Das ist meine Erkenntnis aus den Geschehnissen der letzten Jahre.

Wir alle, Pflanzen, Tiere, Menschen und Erde haben nicht nur aktive Grenzen, also Grenzen, die es gegenüber der Welt einzuhalten gilt. Es gibt auch passive Grenzen, die von den Mitmenschen und der Welt eingehalten werden müssen. In diesem entstehenden Raum ist theoretisch Platz für die Entfaltung unseres freien Willens und für unsere Selbstverwirklichung. Ist kein Platz für uns da, brauchen wir auch nicht zu leben. Gerne übersehen die herrschenden Menschen unser Bedürfnis nach Entfaltung unserer Persönlichkeit.

Zur Verdeutlichung des Gedankens ein Beispiel. Es ist zwar sehr alt, jedoch zeigt es gut die Situation für Menschen. Gehen wir ca. 4.500 Jahre zurück zur Cheopspyramide. Ein ganzes Volk hatte über viele Jahre an der Grabstätte eines Pharaos gearbeitet, damit eine einzige Person in ein ewiges Leben aufsteigen konnte, so der damalige Glaube. Ein ganzes Volk war über Jahrzehnte nur an eine Person gebunden. Die Ausrede für das Volk war, dass ein Pharao sich ja stellvertretend für das ganze Volk auf diese Reise begibt.

Diese Zeiten haben sich glücklicherweise geändert. Über Pharaonen, Imperatoren, Kaiser und Königen ist die Menschheit mittlerweile bei gewählten Volksvertretern angekommen. Wir haben eine einzige wirkliche Demokratie auf dieser Erde, die als Vorbild dienen könnte. Aber alle Völker leiden an einem Wirtschaftssystem, das nicht demokratisch abläuft, sondern autoritär ist wie vor 4.500 Jahren. Die Rede ist von unserem kapitalistischen Wirtschaftssystem, welches die Maximierung der Gewinne als Leitbild hat und Eigentum nicht begrenzt.

Diese Erkenntnis hat dieses, mein Leben gebracht. Andere Erkenntnisse brauchen andere Leben. Es ist unsere Methode, wie wir Menschen uns selbst kennenlernen und vervollständigen. Wir finden uns in einem Leben zurecht, können es führen, so wie es vom Leben geschaffen wurde und wie es unser Wesen gewollt hat. Unsere Seele hilft uns dabei, das jeweilige Leben zu führen und an unser Ziel zu gelangen.

Was ich insgesamt durch das Leben bis jetzt gesehen und kennengelernt habe, ist gut. Es ist alles sehr gut, so gut, dass ich viele Leben brauche, um nur eine Ahnung davon zu bekommen, was Leben bedeutet.

Das Göttliche ist ein Wunder. Wir haben alle Freiheiten und können entscheiden, wie wir es für richtig halten. Wir dürfen unseren Willen leben. Wir müssen allerdings mit den Folgen unserer Entscheidungen leben. Das gehört auch zum Leben.

Es mag für den Leser eigenartig klingen, die weitere Entwicklung der Menschheit auf der Erde könnte wie folgt aussehen:

Bisher:

1. Mitbringen der Eigenschaften des Geistes

2. Kennenlernen des materiellen Körpers und der Materie als noch nicht geborenes Kind, Geburt, Neugeborenes, Kind, junger Erwachsener (wie bisher) durch das geistige Wesen.

Neu hinzu:

3. Entwicklung der geistigen Fähigkeiten, soweit es das Kind für sich möchte.

4. Akzeptanz und Förderung der Entwicklung der geistigen Fähigkeiten ab dem frühen Alter von Kindern.

Jeder dieser Entwicklungsstufen ist wichtig. So lernt zum Beispiel ein junger Erwachsener seine Zeugungsfähigkeit kennen. Diese Eigenschaft wird an dieser Stelle speziell erwähnt, weil Leben erschaffen nur das Leben selbst kann. In der Materie erhalten wir neben vielem anderen durch die Trennung in männlich und weiblich für alles Leben eine Ahnung davon, wie es ist, Leben zu erschaffen. Wir lernen über die Zeugung und das Großziehen von Kindern, wie es ist, eine göttliche Natur zu haben.

X. Grenzen - von Menschen gemacht

Wir leben in einer Dualität und nennen sie - unsere Realität. Unsere Realität besteht aus Gegensätzen. Für alles gibt es einen Gegenpart. Den Mann zur Frau und umgekehrt die Frau zum Mann. Zusammen bilden sie, wenn auch eine imaginäre, so doch eine Einheit. Sie bilden dann eine Gemeinschaft, die fähig ist, Nachkommen auf die Welt zu bringen. Das ist doch schon sehr viel, wenn man die Möglichkeiten eines einzelnen Menschen in Betracht zieht.

Auch wenn es sehr oft auf der Erde geschieht, ist das Zusammenspiel zwischen einem Mann und einer Frau in dieser Existenz essenziell. Gelingt es doch uns Geisteswesen, durch die körperliche Trennung in Geschlechter für Fortpflanzung zu sorgen. Es geschieht nur in dieser Realität und nur hier haben Menschen die Möglichkeit, Leben zu schaffen und so dem Gott sein näher zu kommen.

Wie alles ist auch das Leben hier auf der Erde Veränderung unterworfen. Aus dem Baby wird ein Kind, aus dem Kind ein Jugendlicher, aus dem Jugendlichen ein Erwachsener und aus dem Erwachsenen ein Greis. Und dann beginnt der Zyklus von Neuem. Ja - genau - bis wir ihn unterbrechen. Weil es für alle Geschehnisse auch eine Bereitschaft geben muss. Und wenn wir nicht mehr bereit sind, auf der Erde in diese Realität zu inkarnieren, tun wir das auch nicht.

So ist das mit Grenzen. So lange wir als geistige Wesen etwas durchführen wollen, solange kann es geschehen. Zumindest solange wir an keine anderen Grenzen stoßen. Um Grenzen innerhalb der Dualität, also unserer Realität, klarer zu machen, muss etwas ausgeholt und wiederholt werden:

Das Universum hat vermutlich vor ca. 15 Mrd. Jahren mit dem Urknall angefangen zu existieren, und es wird nach seiner Expansion irgendwann auch wieder ein Ende finden. Das Letztere ist eine Annahme und für die weitere Betrachtung nicht von Bedeutung.

Unser bekanntes Universum besteht aus ca. 150 Mrd. Galaxien. Unsere Galaxie, die Milchstraße, hat ca. 150 Mrd. Sonnen und fast jede Sonne hat 8-10 Planeten und dazu unzählige Monde. Diese Zahlen sind geschätzt. Die genauen Zahlen lassen sich wohl nicht ermitteln. Unsere Galaxie, die Milchstraße, benötigt etwa 225 Mio. Jahre für eine Umdrehung. Sie vermuten richtig. Trotz der sagenhaften Größe unseres bekannten Universums ist selbst dieses begrenzt. Selbst das Universum hat Grenzen.

Sind Sie schon einmal in einem Fluss, einem See oder sogar einem Meer geschwommen? Dann wissen Sie, was ΄groß΄ ist. Unser Universum ist also begrenzt, unser Leben auch. Es mag 30, 50, 70 oder 100 Jahre dauern, aber irgendwann wird es zu Ende sein.

Und jetzt gehen wir zu etwas viel kleineren als von dem von der Schöpfung bereitgestellten Universum. Schauen wir uns ein paar Dinge an, die von Menschen geschaffen wurden. Beispielsweise wurden von den Menschen in ihren Ländern Gesetze geschaffen, die das Zusammenleben regeln sollen. Es wurde auch Geld geschaffen, um den Tausch von Waren und Gütern auf einfache Weise zu ermöglichen. Es wurden auch Steuern geschaffen, die es ermöglichen sollen, gemeinschaftliche Aufgaben wie den Bau und den Unterhalt von Straßen oder Schulen zu ermöglichen.

Für diese Betrachtung ist es egal, in welchem Land wir wohnen, China, Russland, USA oder Europa. Sinn der Bestrebungen in den jeweiligen Ländern ist es doch, ein Zusammenleben zwischen Menschen zu ermöglichen. Sie sollen ein möglichst reibungsloses Leben in den jeweiligen Staaten und ihren Systemen ermöglichen. Dabei treten unterschiedliche Hemmungsfaktoren auf. Einer sind Menschen, die sich nicht an die Gesetze der jeweiligen Staaten halten. Ein anderer geschieht durch die Schaffung von Feindbildern. Diese sollen die Konkurrenz zwischen Staaten ermöglichen. Ist z. B. China ein natürlicher Feind der USA? Wohl kaum, nur werden die Menschen, von wem auch immer, zur Feindschaft aufgestachelt.

Auf diese Problematik soll nicht näher eingegangen werden, da das Thema ja Grenzen ist. Und um auf das eigentliche Thema zurückzukommen - dieser kleine Ausflug sollte nur die Funktion von Grenzen klarer machen. Grenzen sind unter anderem dafür da, um das Zusammenleben von Menschen zu ermöglichen. Im Rahmen unserer Entwicklung rückt dabei auch immer mehr die Erde selbst und die Natur in unser Bewusstsein.

Nur - und jetzt kommt die Essenz dieses Kapitels:
Wir begrenzen die Vermögen von Menschen nicht.

Seien es nun Demokratien, kommunistische Systeme oder sonst irgendein politisches Machtsystem. Sie alle kranken mehr oder weniger an der Entartung des Kapitalismus. Der Kapitalismus ist eigentlich ein nützliches System. Er fördert den sparsamen Umgang mit Ressourcen, seien dies die menschliche Arbeitskraft oder natürliche Quellen. Das System konnte deshalb entarten, weil es keine Grenzen gegen die Maxime der Gewinnmaximierung gestellt hat und dadurch der

Gier freie Entfaltung ermöglicht. Die Gier wiederum ist eine natürliche Fähigkeit. Sie hat sich mit dem Leben hier auf der Erde entwickelt und ist in jedem Individuum vorhanden.

Gier kann nützlich sein, wenn es gerade bei Pflanzen oder Tieren ums fressen oder gefressen werden geht. Die Gier bedarf aber einer Kontrolle. Ansonsten würden z. B. in der Tierwelt die Babys von den Eltern gefressen. Die Kontrolle von Gier ist beim Geld nicht im ausreichenden Maß vorhanden und könnte als Folge zum Ende aller von Menschen entwickelten Systeme und auch der Menschheit selbst führen.

Zur Erklärung einige Zahlen und Beispiele:

1)   Es gibt 2.365 Milliardäre weltweit, sie besitzen: 12,4 Billionen USD (US-Dollar)

[Quelle: BRD, 1. TV-Programm, „Börse vor acht" am 07.04.2021].

2)   Die Gewinne haben gegenüber vor Corona um 50 % zugenommen, alleine der Gewinn von Amazon ist in 2020 auf 21 Mrd. USD gestiegen.

[Quelle: BRD, 1. TV-Programm, „Börse vor acht" am 07.04.2021].

Wenn man hinginge, und die Vermögen aller Milliardäre durch alle Menschen teilen würde, wären das folgende Zahlen:

12.400.000.000.000 USD ./. 7.800.000.000 Menschen =

1.589,74 US-Dollar/Mensch (Stand: 2021)

Für manche Menschen reden wir über ein Jahreseinkommen, andere kämen damit einen Monat aus, wieder andere nur einen Tag. Die wirkliche Aussage ist folgende: 2.365 Menschen besitzen fast alles, während andere hungern. Oder - das Vermögen von wirklich reichen Menschen ist viele Milliarden USD groß, während ganze Staatshaushalte vieler Länder geringer sind, wie das Vermögen vieler Milliardäre.

Bei dieser vereinfachten Betrachtung fehlen noch die großen Vermögen vieler Unternehmen und die Vermögen der vielen Millionäre. Die, wenn auch versteckte Aussage, ist diese:

Geld ist ohne Menschen nichts wert. Wenn es keine Menschen gäbe, könnten wir alles Geld in die Mülltonne werfen. Geld jeglicher Art, sei es gedruckt oder geprägt oder sei es nur eine Zahl auf einem Bankkonto, erhält seinen Wert nur durch uns Menschen.

Ein Beispiel: Wenn ein Mensch Wasser horten würde, viel mehr Wasser, wie er zum täglichen Leben braucht. Viel mehr - sehr viel mehr. Irgendwann hätte er einen See. Wie lange könnte dieser Mensch seinen See behalten, während nebenan andere Menschen verdursten?

Prinzipiell lassen sich Wasser und Geld miteinander vergleichen, weil sie von ihrer Funktion für den Menschen vergleichbar sind. Nur, es fällt nicht auf, wenn ein Mensch in einer Wüste einen Berg voller Geld hat. Mit Wasser in einem See würde er mehr auffallen.

Wie kann man diese Erkenntnis in eine sinnvolle Praxis umsetzen? Ganz einfach, indem Grenzen gesetzt werden. Alles, was über diese Grenzen hinaus geht, gehört der Allgemeinheit.

Um es treffender zu sagen:

Das Recht auf Eigentum ist wichtig. Es fördert u. a. die Verantwortlichkeit und Eigenständigkeit. Daher gehört das Recht auf Eigentum in unsere Entwicklung.

Aber: Alles, was ein einzelner Mensch nicht zum Leben benötigt, steht doch allen zu, wenn man das Leben wirklich schätzt, oder? Das ist die Theorie. Praktisch lässt sich diese Theorie nicht umsetzen, wenn man steuern (lenken) will, weil die Komponente der Belohnung fehlt. Und dazu gehört auch, dass Leistung honoriert wird.

Ein kapitalistisches System, wie wir es in Variationen in allen Ländern finden, ermöglicht Belohnung. Nur sollten Grenzen gesetzt werden, auch für das Erreichen von Zielen oder die Erzielung von Gewinnen. Sonst läuft das ganze System Gefahr zu kollabieren, indem wenige fast alles besitzen.

Das haben wohl einige der Superreichen verstanden. Sie sind im Jahr 2021 offiziell dazu bereit, ihre Unternehmen, gerade wenn sie international tätig sind, Steuern zahlen zu lassen. Ein Weg wäre bereitet. Es fehlt noch an der Konsequenz. In der Diskussion sind nur globale Steuern. Das wäre ein Anfang, dieser beinhaltet noch nicht die Begrenzung von Eigentum. Um die schwere für die Entscheider, die diese Entscheidung tragen, zu verdeutlichen, einige Beispiele:

Deutschland wird nicht umhinkommen, eine Begrenzung der Höchstgeschwindigkeit für Autos auf Autobahnen einzuführen. China wird für seine Bevölkerung mehr Demokratie zulassen müssen. Die USA brauchen nicht so viel Militarismus und weniger Kapitalismus. Russland braucht weniger Personenkult. Die Beispiele lassen sich für jedes Land fortsetzen.

Wenn wir die geistige Weiterentwicklung wollen, müssen wir bereit sein, Kennzeichen der Materie zu kontrollieren und mit uns nicht alles machen zu lassen. Dazu gehört auch Macht - Macht politisch, wirtschaftlich, militärisch usw. Wir Menschen müssen lernen, dass unser EGO nicht der Chef ist. Es ist lediglich ein Teil von uns und nicht das Ganze.

Zusammenfassung des Themas: Grenzen

Grenzen können durchaus wehtun. Das sollen sie ja auch, um einen Lerneffekt bei Menschen zu erzielen: Bis hierher und nicht weiter ...

Betroffen sind in der Regel nur einzelne Menschen, selten die Mehrzahl einer Gruppe oder der Bevölkerung eines Landes. Es gilt, aufmerksam auf eine Szenerie zu schauen, wenn folgende Merkmale nicht eingehalten werden. Aufgeführt werden nur einige Beispiele:

Gewinne, die größer sind wie 8-10 % des eingesetzten Kapitals. Kapital, das einer einzelnen Person oder einem Unternehmen gehört. Politik, in der eine einzelne Person die Richtung vorgibt.

Grundsätzlich kann die Konzentration von Geld und Kapital eine Einschränkung der Freiheit vieler Menschen eines Landes zur Folge haben. Deshalb sollten wir vorsichtig oder zumindest misstrauisch werden, wenn eine Person übermäßig viel besitzt oder die Verantwortung dafür hat oder viel bestimmen kann. Und damit kommen wir zum Thema Hierarchie:

Die Hierarchie kann dann eingesetzt werden, wenn schnelle Entscheidungen notwendig sind. Wenn z. B. Menschenleben von schnellen Entscheidungen abhängig sind, hat die Hierarchie diesen Vorteil.

Die Heterarchie als Entscheidungssystem hat Charme - gerade deshalb, weil sie einer Demokratie sehr nahekommt und weniger manipuliert werden kann. Es werden mehrere Entscheider anstelle nur eines Entscheiders eingesetzt.

Das Risiko einer falschen Entscheidung wird um die Anzahl der Entscheider verringert. Nehmen wir an dieser Stelle für Manipulationen die Situation, dass im eigenen Interesse entschieden und gehandelt wird und weniger im Interesse der Gemeinschaft, die man vertritt. Das kann bei einem hierarchischen Steuerungssystem leicht passieren. Zudem würden Abhängigkeiten von Kapitalgebern verringert. Man denke als Beispiel an Geschäftsführer oder Vorstände, die den Kapitalgebern wegen ihrer Sonderstellung die Tantiemen (Gehalt) diktieren können. Gerade wenn sie lukrative Kontakte haben.

Hierarchien als Führungsinstrumente stammen aus der Frühzeit der Menschheitsgeschichte. Man brauchte damals noch Anführer, die im Zweifel auch mit einer Waffe umgehen konnten. Die Kommunikationstechniken sind heute um ein vielfaches besser, aber die Führungssysteme sind so geblieben, wie sie immer waren.

Wir haben das Problem, dass die Menschen, die sich an die Spitze einer Gemeinschaft stellen und dann Macht ausüben, leicht dazu verführt werden können, dies mitunter im eigenen Interesse zu tun.

X. EGO + Bewusstsein

Ja, es liest sich so, wie es geschrieben ist. Per Definition ist EGO lateinisch und steht für das Ich, in der Psychologie steht es für das Selbst. Das EGO ist ein Teil von uns. Wir brauchen es, um unsere Individualität zu erfahren. Wir meinen (noch), wir sind unser EGO. Es gehört zu unserer Entwicklung, dass wir uns selbst, unser Bewusstsein, in unserem EGO erfahren. Wir lernen uns dadurch viel besser kennen, als wenn wir unser EGO von außen, als die geistigen Wesen, die wir sind, beobachten würden.

Der beste Weg, sich selbst kennenzulernen, ist sich selbst zu sein. Sein eigenes EGO zu sein ist die Erfahrung, die wir auf der Erde in der Materie erleben können. Wir lernen bei unserer Selbstfindung viel. So können wir ein Schwertkämpfer im Mittelalter sein oder ein Sklave auf einer Galeere. Wir können auch eine Mutter sein, die nichts anderes versucht, als ihre Kinder möglichst heil durch einen Krieg zu bringen.

Es ist schon so, wir können in den einzelnen Leben, die wir führen, alles sein, was uns selbst näherbringt oder wodurch wir uns besser kennenlernen. Es klingt abenteuerlich, und das ist es auch. Haben wir doch von den einzelnen Leben keine Ahnung. Die einzelnen Leben rücken in die Vergessenheit, wenn wir sterben. Wir können uns nicht mehr daran erinnern. Um es genau zu sagen: Unser EGO kann sich nicht mehr erinnern, weil es den Gesetzen der Materie unterworfen ist.

Etwas selbst zu sein, nämlich sein eigenes EGO, ist für sich genommen schon ein Wunder. Sich selbst zu sein und das Tun und Lassen zu können, was man gerade für richtig hält, in diesem oder jenem Leben, das ist schon etwas Besonderes.

Aufgrund unserer Religionen haben wir es ja nicht für möglich gehalten, dass wir alles sein können. Das Ganze hat nur das Ziel, uns besser kennenzulernen und als Folge davon unsere Individualität zu erfahren.

Am Beispiel vom EGO lässt sich sehr gut die Entwicklung von Menschen darstellen. Wir brauchen das EGO, um uns hier auf der Erde zurechtzufinden. Hier mussten unsere Vorfahren gegen die Natur, gegen andere Menschen und gegen sich selbst bestehen.

Wir sind mit unserem EGO eins und meinen zu wissen, dass wir unser EGO sind. Auf der Erde lässt sich damit gut leben, unsere Entwicklung hat ja lange genug gedauert. Wir Menschen sind jetzt auf dem Sprung zur Weiterentwicklung über das EGO hinaus. Es mag schwerlich zu glauben sein, weil wir in solchen Dingen weder unterrichtet noch geschult werden. Auf der Entdeckungsreise zu uns selbst sind wir dabei zu erfahren, dass wir viel mehr sind wie unser EGO. Das EGO ist ein Teil von uns, wir nicht von ihm.

Bei dieser Reise verlieren wir nichts. Der Unterschied zu früher ist, dass wir jetzt wissen, dass wir ein EGO haben. Wir lassen uns von ihm nicht mehr dominieren oder noch genauer: beherrschen. Wenn unsere Entwicklung weiter geht, geht unser EGO und unser Wille in unsere Individualität ein. Bei diesem Entwicklungsschritt verlieren wir nichts, wir gewinnen. Wir lassen uns dann nicht mehr von unserem EGO beherrschen, wir herrschen über uns selbst.

Solange unser Bewusstsein, also das was wir sind, meint es ist unser EGO, solange ist es auch das EGO. Erst wenn es versteht, dass es viel mehr ist, kann es sich weiterentwickeln.

X. Oben und Unten

Eine Linie als Trennung. Nur für dieses Beispiel und nur in unseren Gedanken. Diese Linie trennt. Im Beispiel oben von unten. Die Linie selbst ist völlig neutral. Bis wir ihr diese eine Bedeutung geben.

Die Linie trennt oben von unten oder gut von böse. So ist es auf jeden Fall in unseren Köpfen. Oben ist automatisch gut und unten automatisch schlecht. Wir streben danach, nach oben zu kommen. Weil dort die Luft zum Atmen ist, oder das Licht zum Sehen, oder, oder, oder.

Die Linie in der Einführung ist immer noch da und genau gleichgeblieben, sie ist weiterhin neutral. Wir haben ihr nur in unseren Köpfen eine Bedeutung geben.

Es sieht so einfach aus, wenn wir dieses Bild betrachten. Dabei beurteilen wir alles, was wir irgendwie aufnehmen, danach. Seien es bildliche Informationen, Audiosignale oder auch emotionale Signale. Egal was wir „empfangen", wir ordnen es erst einmal zu. Oben ist automatisch gut, unten automatisch böse.

Noch eine Linie, dieses Mal nicht waagerecht, sondern senkrecht:

Was soll das? Es ist doch nur eine senkrechte Linie. Nun ja, sie trennt zwischen links und rechts. Es findet zwar nur in unseren Köpfen statt, die Trennung hat jedoch eine immense Bedeutung.

Sie merken, was ausgesagt werden soll? Wir sind gerade bei rechts und links. Die senkrechte Linie ist neutral, links und rechts ist auch neutral. Bis auf den Moment, indem wir links und rechts eine Bedeutung geben. Wir finden das zurzeit in unserem realen Leben sehr oft. Um dazu zu gehören, entscheiden wir uns für die linke oder die rechte Seite.

Wenn wir unsere Meinung alleine, also unbeeinflusst und in einer ruhigen Minute beurteilen, sind wir aus politischer Sicht ab und zu links und ab und zu rechts.

Weiter unten im Text ist die Kombination der beiden Linien. Im Wesentlichen können wir mit den beiden Linien unser Leben beschreiben und wenn wir noch eine Zielmarke für unser Bewusstsein nehmen, den Standort unseres Bewusstseins zu einer Frage definieren.

links | rechts

oben

unten ⊕ Bewusstsein

Unser Bewusstsein ist flexibel. Als Menschen sind wir nicht in Stein gemeißelt. Allerdings werden wir von unseren Anführern gerne festgelegt, da sich eine gleichgeschaltete Masse leichter führen lässt, wie eine nicht gleich geschaltete.

Angenommen, unser Herz wäre links und unser Verstand wäre rechts. Wenn wir unser Herz und unseren Verstand gleichberechtigt in unser Leben aufnehmen, werden wir, wenn wir frei entscheiden können, einmal rechts und ein anderes Mal links und dann wieder mehr oben oder mehr unten entscheiden. Wir sind von Natur aus nicht festgelegt. Aber wir haben den Linien eine Definition zugeordnet, die es uns leichter macht, uns im Leben zurechtzufinden.

Indem was wir sind, lassen wir uns nur Festlegen, wenn wir uns bei unseren Entscheidungen und unserem Weg für unser Herz oder für unseren Verstand entschieden haben. Wenn wir beide in unser Leben (miteinschließen wäre der richtige Begriff, kann jedoch leicht missverstanden werden) aufnehmen, wenn wir nach beiden leben, sollten wir flexibel sein. Wir werden uns nach beiden Merkmalen richten, die des Herzens und die des Verstandes und für das Gute und das vermeintlich Schlechte. Wichtig für uns ist dann nur, dass unsere Wesenszüge in uns ausgeglichen, d. h. harmonisch sind.

Beantwortet das zuvor geschriebene Ihre Fragen?

Ein Beispiel anhand eines aktuellen und immer mehr akuten Problems. Wir haben über 80 Mio. Flüchtlinge in 2021 weltweit. Diese Zahl stammt von der UNO und beschreibt die wachsende Flüchtlingsflut auf allen Kontinenten. Lassen wir unser Herz entscheiden oder unseren Verstand? Geben wir den Argumenten der eventuell überforderten Sozialsysteme den Vorrang oder lassen wir unser Mitgefühl auch für Kinder sprechen? Betrachten wir die Situation kurzfristig oder langfristig?

Und wenn wir z. B. in Europa Grenzen öffnen, was passiert langfristig mit den europäischen Völkern? Was wäre als Beispiel, wenn in Schweden die Mehrheit auf einmal schwarz wäre? Oder muslimisch oder eine andere Gruppenzugehörigkeit hätte? Oder aus den zuvor Genannten eine Mischung?

Und auch wichtig, sind die Völker befragt worden? Eine Völkerwanderung hat die Verlagerung von Problemen zur Folge. Demokratie ist, wenn nicht nur die Flüchtenden gefragt werden, sondern auch die Aufnehmenden. Und warum sind so viele Menschen auf der Flucht? Nicht alle sind Flüchtige vor der Natur. Die meisten sind Flüchtige, weil ihre Anführer unfähig sind.

Die Antwort ist, auch wenn Herz und Verstand in uns gleichberechtigt sind, unsere Entscheidungen unterliegen doch dem Gebot der Einhaltung von Grenzen. An dieser Stelle sind nicht äußere Grenzen wie Ländergrenzen oder Steuersätze gemeint, es sind unsere eigenen Grenzen gemeint. Die Grenzen unserer Seele und unsere Grenzen als Person. Ein Staat hat nicht das Recht, diese Grenzen bei der Mehrheit seiner Bürger zu umgehen. Leider geschieht es in fast allen Ländern dieser Erde. Wann werden Völker schon einmal von ihren Regierungen ernsthaft befragt, außer dem Schweizer Volk? Die Schweiz hat als einziges Land auf dieser Erde eine echte demokratische Regierung.

Antworten sind nicht gegeben, wenn wir Entscheidungen nach Phrasen fällen. Wir müssen schon genau hinsehen, wenn wir eine Entscheidung fällen - auch wenn das Betrachten schmerzt. Wir, die Menschheit, steht vor gewaltigen Herausforderungen, die nur gelöst werden können, wenn alle miteinander offen und ehrlich kommunizieren.

Wir lassen uns allerdings durch die Erziehung oder durch die Systeme, in denen wir leben, leicht in die eine oder andere Richtung lenken oder manipulieren.

Von Natur aus gibt es kein Gut oder Böse. Auf der Erde gibt es das Leben. Und um dieses Leben in der Materie im Gleichgewicht zu halten, gibt es zum Beispiel Tiere, die andere Tiere fressen. Es gibt gleichzeitig auch Tiere, die nur Pflanzen fressen. In der Natur, die ja Ausdruck des Lebens ist, gibt es alles.

Wir Menschen sind nur ein kleiner Teil dessen, was wirklich ist. Wir haben noch lange nicht alles gesehen, was es gibt. Wir sind aber groß dabei, nach unserer Meinung zu klassifizieren, was gut oder böse, hell und dunkel etc. ist.

In der Natur gibt es kein gut oder böse. Es gibt das Leben, das sich auf vielfältige Weise äußern kann. Das Böse und den Teufel, so wie wir es oder ihn in vielen Religionen darstellen, gibt es nicht. Böse oder gut wird etwas erst, wenn wir es dazu machen. Um es richtig zu sagen, es gibt auch in der geistigen Welt Wesen, die nach unserer Meinung böse sind. Sie können auch versuchen, uns ihren Willen aufzuzwingen. In dieser Realität oder im Jenseits, aber - wir haben immer unseren eigenen Willen. Wenn wir dazu bereit sind, kann sich Böses in uns breitmachen. Wenn wir das aber nicht wollen, hat es keine Chance.

Es dreht sich am Ende darum, wenn wir schon nach gut oder böse unterscheiden, ob wir unseren freien Willen zulassen oder nicht und ob wir uns selbst unbeeinflusst entscheiden können oder nicht. Wird eventuell versucht, mit Manipulationen Menschen zu Handlung zu bewegen, die sie eigentlich nicht wollen?

Ein Beispiel: Ein Waschmittel soll über Werbung verkauft werden, welches nach dieser Werbung unter 60° Temperatur waschen kann und damit die Umwelt schont. Das ist eine Irreführung. Um Keimfreiheit auch bei einer geringeren Temperatur wie 60° zu erreichen, müsste Chemie eingesetzt werden. Und diese ist sicherlich nicht umweltschonend und ein unbedenkliches, d. h. nicht keimfreies waschen gerade für eine Familie mit Kindern ist wenig verantwortungsvoll.

Irreführung haben wir überall. Besonders treffen wir sie zusammen mit Bedarfsweckungen in der Werbung. Unter Bedarfsweckung ist das Erzeugen eines nicht oder wenig vorhandenen Bedarfes gemeint. Ein typisches Beispiel wäre für Hunger. Wenn wir einen Werbeblock im TV anschauen, bekommen wir sicher Lust auf Schokolade, ein kühles Bier oder wie wäre es mit einer Pizza?

Haben sie keine Lust auf irgendetwas? Brauchen Sie kein neues Handy oder eine Uhr? Gerade in der Werbung werden menschliche Eigenschaften gegeneinander ausgespielt, um Bedarfe zu wecken, die so gar nicht vorhanden sind. Wer meint, er würde sein Kaufinteresse völlig eigenständig fällen, ist nicht ganz ehrlich zu sich selbst. Manipulationen finden wir überall. In der Werbung und besonders undemokratisch, in der Bildung von Meinungen. Was man immer häufiger beobachten kann, ist die Meinungsbildung über die Presse. Die Presse hat unser Vertrauen durch Berichte gewonnen. Was wir jedoch heutzutage häufig präsentiert bekommen, sind Meinungen. Dadurch werden wir in unserer Meinungsbildung nicht nur behindert, sondern regelrecht degradiert. Oder halten sie sich für unfähig, sich eine eigene Meinung zu bilden?

X. Der Tod

Das für uns Menschen wichtige und gleichzeitig auch interessante am Sterben ist die Loslösung unserer Seele von unserem irdischen, d. h. materiellen Körper. Als Seele ist an dieser Stelle wegen der leichteren Verständlichkeit der geistige Teil von uns gemeint. Unser materieller Körper bleibt natürlich auf der Erde. Vielleicht ist das ein Grund, warum wir so wenig über diesen Vorgang wissen. Es ist unsere Angst davor, aufzuhören zu existieren. Wir waren seit jeher blind für eine Sache, die eigentlich ganz natürlich ist und in unseren Leben oft vorkommt. Der Tod ist unser ständiger Begleiter, wir tun aus Angst nur so, als würden wir ihm nicht begegnen. Was lediglich stirbt und einen anderen Weg geht, ist unser irdischer Körper.

Das wäre auch der eigentliche Punkt. Der Tod tritt dann ein, wenn sich eine Seele vom Körper löst. Das kann sehr schnell gehen, zum Beispiel bei einem Unfall. Es kann aber auch sehr langsam gehen, zum Beispiel beim älter werden oder bei einer Krankheit. Der Tod wird auch unterschiedlich gesehen. Die einen meinen, er tritt dann ein, wenn ein Herz aufhört zu schlagen. Die anderen meinen, erst wenn ein Gehirn keine Signale mehr aussendet, wenn also der Hirntod eingetreten ist, ist ein Mensch wirklich tot.

Unsere moderne Medizin versteht es, den Zeitraum zwischen Herz- und Hirntod immer mehr zu vergrößern. Was dabei andererseits geschieht, ist die Tatsache, dass eine Seele daran gehindert wird, aus einem Körper auszutreten und heimzukehren. Darüber sollten wir uns im Klaren sein. Wird das Leiden für den Sterbenden beendet oder fortgeführt?

Wenn man die Dinge sieht, wie sie wirklich sind, wenn man den materiellen Körper sieht und den Vorgang, wie sich eine Seele von einem Körper löst und wenn Dinge und Geschehen auch über Zeit und Entfernung wahrgenommen werden können, ist der eigentliche Sterbeprozess gar nicht so schwer erklärbar.

Das ist der große Unterschied von geistigen Wesen zu uns. Für sie ist Zeit und Raum nur ein Begriff und keine Grenze, für uns in dieser Existenz schon.

Wir begeben uns freiwillig in die Begrenzungen der Materie, indem wir uns in einem Körper gebären lassen. Dadurch sind wir als geistiges Wesen in der Lage, ein Leben zu führen, welches unser EGO an Wissen und Erfahrung braucht, um zu einem Individuum zu werden, das selbstständig im Sinne Gottes handeln kann.

Es muss nicht. Wir werden nicht dazu gezwungen, gut oder böse zu sein. Wir werden auch nicht dazu gezwungen, gut oder böse zu leben. Die Erde ist vollständig neutral. Hier hat alles Platz. Gut und Böse, hell und dunkel, männlich und weiblich usw. Es ist ein Irrtum in der Materie, dass alles vor 15 Mrd. Jahren begann. Zeiträume sind für geistige Wesen uninteressant, weil sie keine Rolle spielen. Nur für die Materie ist Zeit und Raum von Interesse, weil sie, die Materie, vergänglich ist. Sie verändert sich im Laufe der Zeit. Andererseits ist alles so groß gestaltet, dass wir, die wir noch an die Materie gebunden sind, niemals über die Begrenzungen von Zeit und Raum gehen oder hinwegblicken können.

Wir können vielleicht schneller wie der Schall fliegen, aber nicht schneller wie der Schall sein. Wir können auch nicht schneller wie das Licht sein. Wir brauchen uns damit eigentlich auch gar nicht beschäftigen, weil wir als geistige Wesen diese Grenzen gar nicht kennen.

Zurück zu Instinkten:
Wir könnten uns auch mit einer Programmierung zufriedengeben. Also mit etwas von Fremden geschaffenen, das wir unter Instinkt bzw. Instinktverhalten bereits kennen. Aber wir wären dann keine Menschen. Es ist ein Kennzeichen von Menschen, dass wir einen freien Willen haben. Den wollen wir auch haben. Und damit kommen wir zu einem Punkt der Erkenntnis. Es macht einen Unterschied, ob man geschildert bekommt, wie es ist, eine Mutter oder ein Vater zu sein, zu dem: es selbst auf der Erde zu erleben. Die Art zu lernen bzw. wie wir etwas verinnerlichen, wird unter dem Titel Lernen ausführlicher besprochen.

Wir sollten uns im Zuge dessen auch darüber bewusst sein, welche Konsequenzen unsere Entscheidungen haben. Wahrscheinlich haben wir vor dem Tod deshalb Angst, weil das Sterben ein einmaliger Vorgang ohne Wiederkehr ist. Wenn man einmal gegangen ist, kehrt man in dasselbe Leben nicht mehr zurück. So ist es und so bleibt es.

Wir trennen uns, wenn wir sterben, nur von unserem Körper und der uns bekannten materiellen Welt. Unser eigentliches Sein bleibt bestehen. Es ist wie ein Landausflug, aus dem wir zurückkehren, wenn wir dereinst nach Hause gehen.

Leben und Sterben ist in der Vergangenheit immer gleich abgelaufen. So scheint es nicht mehr zu sein. Wir können in Bereiche vorstoßen, die uns noch vor ein paar Jahren verschlossen waren. Die Verantwortung dafür ist uns noch nicht einmal bewusst, so neu ist diese Entwicklung. Ein kleiner Vergleich: Wenn früher ein Körper z. B. durch einen Unfall oder einen Krieg schwer verletzt wurde, war damit auch oft das Todesurteil über den Verletzten gesprochen.

Heutzutage ist die Medizin an einem Punkt, an dem sie das Leben noch lange im Körper halten kann, obwohl die Seele eines Menschen schon gehen würde.

Das lässt sich nur mit dem Glauben an das Ende des Lebens erklären, wenn der Körper stirbt. In Wahrheit hört nur der Körper auf zu leben. Das Gefängnis, in dem unsere Seele ist, hört auf, funktionsfähig zu sein. Unsere Seele lässt sich auf dieses Gefängnis in vielen Leben ein, damit wir oder genauer unser EGO lernen kann.

Wir lernen hier, mit unserem Herz (Gefühl) so umzugehen, dass es im Gleichklang mit unserem Verstand ist. Wer glaubt, dies zu sein, hat sehr wahrscheinlich noch nicht an sich selbst erfahren, wie schwer eine Herzensentscheidung gegen eine Entscheidung unseres Verstandes sein kann.

Es folgt ein Beispiel, um die Tragweite des zuvor geschriebenen mit Gedanken aus früheren Jahrhunderten verständlicher zu machen. Damit wird dann hoffentlich die Bedeutung einer Herzensentscheidung klargestellt: Wer würde ein Königreich gegen ein nicht eheliches Kind eintauschen?

Also kommen wir zurück zum Sterben. Um beim Thema sterben zu bleiben und nicht in die Gefilde des warum sterben abzurutschen. Wer schon einmal ein Seminar oder einen Ausflug oder ein anderes einmaliges Erlebnis hatte, hat etwas Ähnliches wie den Tod schon erfahren. Man hat mit den anderen Teilnehmern eine bestimmte Zeit verbracht, etwas gemeinsam erlebt und sieht sich später nicht mehr. Und was dabei ein schöner Gedanke ist, man ist froh, endlich nach Hause zu kommen. Zusätzlich kann dann auch Wehmut über die vergangenen Tage dabei sein. Grundsätzlich überwiegt jedoch die Freude über die Heimkunft.

Ähnlich ist es auch mit dem Tod. Nur in wenigen Fällen muss der Tod selbst als Erfahrungserlebnis dienen. Normalerweise markiert er nur das Ende eines bestimmten Lebens. Während vieler Jahre der Rückführungen war es nur selten der Fall, dass das Sterben Heilung benötigte. Das kann dann der Fall sein, wenn ein gewaltsamer Tod eintritt, wie bei einem Mord. Das Sterben wird eher als ein natürlicher Prozess erlebt und nicht karmisch.

X. Der Tod - eine Reise mit Wiederkehr

In diesem Buch wird viel behauptet. Jedoch wird darin kein Beweis geführt. Wie sollte ein Beweis auch aussehen, damit er glaubhaft wäre? Berichte vom Jenseits gibt es in allen Sprachen, nur einen Beweis für ein Leben nach dem Tod gibt es nicht. Man kann den Weg des künstlichen Todes, auch wenn er zu Forschungszwecken wäre, kaum bewusst gehen, weil das Risiko eines Misslingens einfach zu groß wäre. Und man zahlt einen Preis, wenn man, wie auch immer, auf die andere Seite gelangt. Beim ersten Mal musste ich meine Fähigkeit, eine Familie zu gründen, drüben lassen. Das zweite Mal war es meine Fähigkeit zu sprechen und das dritte Mal war es der Gleichgewichtssinn. Ich konnte also nicht mehr gehen.

Für einen Forscher, dem das Risiko nicht zu groß ist, einige Hinweise. Die Zeit zwischen dem Herztod und dem klinischen Tod ist entscheidend. Wenn ein Körper stirbt, löst sich die Seele aus dem Körper und schwebt (es ist wie ein schweben) in die Unsterblichkeit. Es warten Freunde und Verwandte auf der anderen Seite, eine Seele ist nicht alleine. Die Seele ist Trägerin des Teils unseres Selbst, der zurückkehrt zu seinem Sein.

Das ist spätestens die Zeit, in der man ins Leben zurückgeholt werden muss. Es ist die Zeit, wenn ein Herz schon aufgehört hat zu schlagen und der Blutkreislauf durch Reanimation aufrechterhalten wird. Der Punkt bis zum klinischen Tod, also dem Punkt, an dem ein Gehirn aufhört zu arbeiten, muss von den Operateuren eingehalten werden. Danach gibt es kein Zurück mehr. In diesem Zwischenraum sind die materiellen Grenzen aufgehoben. Der Körper funktioniert noch weitestgehend, auch die körperliche (organische) Erinnerung des

Gehirns. Diese ist wichtig, damit wir uns an das Geschehen erinnern können, wenn wir zurückkommen. Unsere geistige Erinnerung wie auch unsere anderen geistigen Funktionen stehen uns ansonsten in der Körperlichkeit der Materie nicht mehr zur Verfügung. Es kann sein, dass bei diesem Vorgang ein Teil von unserem Körper stirbt und nicht mehr geheilt werden kann. Zur Erinnerung: Heilung ist etwas „reparieren". Es wird nicht mehr wie das Original. Beim Original konnte sich eine Fähigkeit vom Heranwachsen im Mutterleib bis Jahre nach der Geburt heranbilden. Der Heilungsprozess ist wesentlich schneller, dafür aber lange nicht so perfekt.

Wenn alles geklappt hat, bringt man eine Erinnerung an die andere Seite mit in dieses Leben. Erleichtert wird das Ganze, wenn man schon im normalen Leben etwas hellsichtig war. Das alles in einem Leben bei einem Menschen zusammen kommt, ist eher unwahrscheinlich. Ein Beweis für ein Leben nach dem Tod wäre jedoch für uns Menschen, die mehr oder weniger in der Materie gefangen sind, sehr hilfreich.

Unsere Seele begleitet uns. Wir haben eine Seele. Sie ist von uns unabhängig. Sie wird irgendwann zu ihrem Ursprung zurückkehren. Bis dahin ist sie bei uns, auch und gerade in der Hölle der Materie. Sie versucht, uns dabei zu helfen, uns zu dem zu entwickeln, was wir wirklich sind. In dieser materiellen Welt können wir Erfahrungen sammeln, die wir nur hier machen können. Es ist uns nicht bewusst, dass es ein Leben nach dem Tod gibt und wir uns entscheiden können, ob wir wiedergeboren werden oder ob wir in unserer Entwicklung weiterkommen. Dieses Wissen ist für uns wichtig, damit wir leichter aus der Gefangenschaft der Materie herauskommen, wenn wir dereinst dem Ende dieses Lebens begegnen.

X. Geheimnisse der Seele

Man könnte auch einfach sagen: Was ist interessant? Was ist für den in dieser Realität lebenden Menschen an seiner Seele von Interesse?

Zu allererst wird es einen Menschen interessieren, ob er überhaupt eine Seele hat. Die Antwort wäre, dass er am besten sein Unterbewusstsein erforscht. Woher kommen seine Träume? Wer kümmert sich um das Wachstum seines Körpers? Wer kümmert sich um seine Heilung, und sei es nur ein Schnitt in einem Finger? Woher weiß ein Mensch, welche Ausbildung er macht und welchen Beruf er ergreift?

Ja, unsere Seele hat kein Geschlecht. Als geistiges Wesen braucht unsere Seele kein Geschlecht. Sie ist nach dem Verständnis von Menschen unsterblich. Es gibt für unsere Seele keine Zeit, keinen Raum und auch kein Geschlecht. Sie braucht diese Begrenzungen nicht, weil Leben schaffen nur das Leben selbst kann.

Die menschlichen Züge haben Ähnlichkeit mit den geistigen Zügen. Und jetzt kommt ein bedeutender Schritt. Die Lebensformen (Menschen) sind sich jetzt ihrer Selbst bewusst und müssen es nur noch lernen, aus sich selbst heraus leben zu können. Was Menschen dabei beachten müssen, sind die Gesetze des Lebens. Die Art und Weise, wie sie das Leben in den vielen Jahrmillionen gefunden und geschaffen hat, zu übernehmen. Wir Menschen meinen oft genug, wir könnten es besser als die Natur. Das mag für die eine oder andere Anwendung stimmen. Aber deshalb sind Menschen noch lange nicht besser wie die Natur. Unser EGO meint das. Und das wird langfristig zum Nachteil für uns Menschen.

Es ist sehr hilfreich, wenn sich Menschen selbst besser kennenlernen, wie sie sich bisher kennen. Menschen sind ein Abbild des Lebens. Oder auch von Gott. Gott ist das Leben und wir bringen nur die Möglichkeiten zum Ausdruck, welche das Leben bzw. Gott im Laufe der Mrd. Jahre an Möglichkeiten geschaffen hat.

Ein weiteres Geheimnis der Seele ist, dass sie ein Teil der Schöpfung und damit des Schöpfers ist und eines Tages wieder zu ihrem Ursprung zurückkehrt. Die Seele ist nicht an uns gebunden, sie ist auch kein Teil von uns. Sie ist ein eigenständiges Wesen, das über unsere Entwicklung ihre Freude hat. Wenn wir sie nicht mehr brauchen und sie den Zeitpunkt für gekommen hält, wird sie ihre eigenen Wege gehen. Da Zeit und Raum für uns als geistige Wesen keine Rolle spielen, wird diese Trennung für uns alle nicht schmerzhaft sein. Vielleicht sind wir dann ein wenig traurig oder wehmütig, aber die Freude über das Erreichte wird überwiegen.

Unsere Seele hat in Wirklichkeit keine Geheimnisse. Wir verstehen sie nur noch nicht, und wenn, dann meistens noch nicht alles, was sie uns mitteilen könnte. Nur - Geheimnisse im Sinne des Wortes hat sie nicht. Dieses Wort wurde ausgewählt, um die Bedeutung des Miteinanders zwischen Seelen und Menschen hervorzuheben.

Sie ist ein Teil Gottes. Sie kehrt wieder zu ihrem Schöpfer zurück, wenn unsere Entwicklung abgeschlossen ist. Damit geht auch die Erinnerung an all das, was wir gemeinsam erlebt haben, nicht verloren.

X. Lernen I + II

Lernen I: Durch vormachen, man bekommt etwas gezeigt.

Lernen II: Durch die eigene negative oder positive Erfahrung.

Bei Lernen I lernen wir durch unsere Eltern, Familie, Umfeld und Schule. Darüber hinaus ist das Leben für uns ein Lehrmeister. Das ist der für uns der schwierigere Teil. Wir bekommen etwas nicht gezeigt oder gesagt. Lernen II ist für uns in der Regel schwerer, weil wir ein Problem selbst erkennen müssen, um dann für dieses eine Lösung zu finden.

Es ist nicht damit getan, eigene Grenzen und/oder die Grenzen eines anderen zu überschreiten, um sich einen Vorteil zu verschaffen. Alles, was wir als negativ erleben, beruht auf diesem Umstand. Im Kleinen mögen das Räubereien sein, wenn man sich bereichert, indem man sich fremdes Eigentum einverleibt. Im Großen wäre das beispielsweise Mord, Schwarzhandel mit Medikamenten oder Landraub.

Es ist einfach zu kopieren und etwas nachzumachen. Bedeutend schwieriger ist es, selbst einen eigenen Fehler zu bemerken, ihn sich einzugestehen, um dann eine Lösung zu finden.

Wir sollten den Lerneffekt von Lernen II nicht unterschätzen. Für das Zusammenleben in einer Gruppe ist Lernen I ausreichend. Für unser Leben brauchen wir die eigenen Erkenntnisse aus Lernen II. Dieses Buch fällt beispielsweise unter die Kategorie I.

Erst durch die eigene Erfahrung aus Lernen II wird das Wissen aus Lernen I bestätigt und trägt so zu unserer Persönlichkeitsbildung bei.

X. Menschen sind gut

Man mag es kaum glauben, aber die Menschheit hätte es niemals so weit gebracht, wenn wir Menschen nicht in der Lage wären, uns, wenn es notwendig ist oder wenn es darauf ankommt, für das Gute zu entscheiden. Konkret bedeutet das, eigene Interessen zum Wohle anderer auch einmal zurückzustellen.

Wir dürfen nicht vergessen, wir leben hier in der Dualität. Alles hat seinen Gegensatz, die zwei Schneiden eines Schwertes. Wir würden unser Potenzial nicht kennenlernen, wenn wir nur Gut wären. Für unsere Weiterentwicklung bedarf es beider Pole, Gut und Böse, Hell und Dunkel, Schwarz und Weiß. Nur durch die Gegensätze lernen wir uns besser kennen. Und nur in deren Pol, in den Gegensätzen, können wir uns entwickeln.

Es mag eigenartig klingen, aber wir sind als geistige Wesen hier auf der Erde, um unserem EGO zu zeigen, was das Leben alles bietet. Und das braucht mehrere Leben. Das Leben ist so vielfältig, dass eines nicht ausreicht, um es kennenzulernen. Wir benötigen mehrere Rollen in mehreren Leben, um uns selbst, unserm Potenzial und dem Leben näher zu kommen. Ohne es zu wissen, sind wir Forscher. Wir erforschen uns selbst.

Während unserer Entwicklung haben wir erlebt, wie es ist, ein Primat zu sein. Wir haben unsere äußere Entwicklung auch in unserem Inneren gemacht. Wir wissen ganz tief in uns, wie es ist, eine Pflanze zu sein oder ein Tier. Und jetzt erfahren wir in uns selbst, wie es ist, ein Mensch zu sein.

Die Erde ist ein Ort, an dem alles möglich ist. Hier kann sich Gutes entfalten oder auch Schlechtes. Die hier lebenden Menschen haben in dieser Realität keinerlei Erinnerung an ihre Vergangenheit. Alles ist ausgewogen und befindet sich im Gleichklang. Wir haben hier die perfekte Dualität. Dies ist hier der Ort, an dem sich der menschliche Geist für eine Seite frei und unabhängig entscheiden kann. Jeder Mensch hat hier die Freiheit zu wählen, die eine oder die andere Seite.

Je nach Wahl bleiben wir hier und lernen weiter oder wir gehen aus der Materie. Das wäre dann der endgültige Tod, das beenden des Lebens in der Materie. Dann entscheiden wir uns für unsere Weiterentwicklung. Das kann unser Wesen, solange es die Ausbildung unseres Bewusstseins für nötig hält. Die Erde ist dabei nur ein Ort, der austauschbar ist. Die Seele ist hier zu unserem Schutz und Träger(-in) unseres irdischen Seins, dem EGO. Das EGO wird aus unserem Bewusstsein und unserem Willen gebildet. Zur Erinnerung, wir haben im Universum genügend Planeten, die Leben ermöglichen. Nur ist die Erde ein sehr guter und geeigneter Platz für unsere Entwicklung.

Gott ist gut, das Leben ist gut und deren Schöpfung, die Menschen, sind auch gut. Wir lernen und dabei machen wir auch Fehler – sie gehören einfach zum Leben dazu.

Wir müssen unseren Verstand einschalten, um die Aussage, dass wir gut sind, zu verstehen. Im Grunde unseres Wesens sind wir alle gut und schätzen und achten das Leben. Unser EGO ist hauptsächlich auf der Erde, um den Unterschied zwischen Gut und Böse kennenzulernen. Dazu nimmt es unterschiedliche Rollen an. Jetzt kommt das große Aber:

Unser Verhalten mag böse sein und damit auch unser EGO. Wir sollen ja das Leben kennenlernen. Wir selbst, unser Wesen, ist gut!

KAPITEL II: Zukunft

X. Grundgedanke

Wenn wir wollen -
dass das Leben auf der Erde weiter stattfindet,
wenn wir wollen -
dass sich Menschen hier weiter entwickeln können und
wenn wir wollen -
dass Menschen ein Teil der Natur sind,
müssen wir in Zukunft einiges beachten:

Menschen sind Geschöpfe Gottes oder für den Leser, wenn er die Aussage leichter annehmen kann, Menschen sind Geschöpfe des Lebens. Sie sind ein Teil des Lebens, das hier auf diesem Planeten überall stattfindet. Wir können Partner der Natur sein. Wir können sie auch weiterhin missachten. Es ist unsere Entscheidung, wie wir unsere Zukunft gestalten wollen.

Wir haben viel gelernt und könnten uns die Erde untertan machen, bis zu dem Punkt, an dem sie sich anfängt zu wehren. Die Erde hat Signale ausgesendet. Diese konnten oder wollten wir Menschen nicht verstehen. Es wäre jetzt die Zeit für uns alle, nicht nach mehr Geld und Macht zu streben, weil dies nur unsere Gier befriedigt, sondern nach Partnerschaft mit allem, was auf dieser Erde ist. Dann könnten wir nicht nur in Ruhe leben, die Erde würde uns versorgen. Wir könnten uns dereinst in Würde von dieser Existenz verabschieden, wenn unsere Zeit für die Weiterentwicklung gekommen ist.

Besser ist es für uns Menschen, die Erde zu zähmen - im Sinne von „eine Partnerschaft aufbauen". Das bedeutet, wir sollten die Erde wie ein Lebewesen behandeln, was sie auch ist und ihr Vertrauen und wenn möglich ihre Zuneigung gewinnen. Das schließt auch alle Pflanzen und Tiere mit ein und zu guter Letzt: UNS SELBST.

Es mag sich absurd anhören, Frieden mit uns selbst und mit allem, was uns umgibt? Es ist nicht absurd, wenn wir endlich bereit wären, unsere höheren Sinne anzunehmen und der uns umgebenden Natur zuzuhören. Das wäre auch eine Verhaltensänderung für uns Menschen. Weg vom tierischen Verhalten des Räubers und Gejagten hin zu menschlichem Verhalten. Was das genau ist, dafür gibt es keine Beispiele in der Natur. Unseren Charakter, den der Menschheit und jedes Einzelnen müssen oder viel besser - dürfen wir für uns selbst erforschen.

Deshalb ist es für den Fortbestand der Menschheit auch notwendig, dass sie es lernt, mit Leben richtig umzugehen. Wir Menschen sind im Universum nicht alleine. Schon eine Blume oder ein Insekt zeugen vom Leben. Leben kann sich vielfältig zeigen. Wenn wir uns weiter entwickeln wollen, müssen wir lernen, mit der Schöpfung richtig umzugehen. Wir sollten sie nicht ausnutzen.

Regeln des Zusammenlebens:

1. Die Grenzen sind für alle Menschen gleich.
   (Gemeint sind die von der Natur gegebenen Grenzen, nicht die von Menschen gemachten.)
2. Die Grenzen des Einen fangen dort an, wo die Grenzen des Anderen aufhören.
3. Die Grenzen eines Landes sind wie die Grenzen eines Menschen unberührbar.

Die Körper von Menschen mögen unterschiedlich sein. Als geistige Wesen haben wir alle die gleichen Fähigkeiten, nur mit unterschiedlichen Charakteren.

Die Materie wurde geschaffen, um geistigen Wesen die Vergänglichkeit zu zeigen. Mit der Vergänglichkeit kommt auch die Dualität.

Auf unserer, der materiellen Ebene hat alles zwei Seiten. Durch die Vergänglichkeit der Materie kommt Zeit und Raum. Diese sind die beiden Voraussetzungen der Dualität. Und wenn irgendwo die Dualität herrscht, kommt alles andere automatisch mit. Also:

jung - alt,
(dadurch wird die Vergänglichkeit aufgezeigt)

schnell vergänglich - langsam vergänglich,
(dadurch wird Zeit deutlich erkennbar)

gut - böse,
(dadurch wird der Unterschied zwischen teuflisch und göttlich klar)

hell - dunkel, progressiv - konservativ, links - rechts, usw.

Vieles von dem, was in diesem Buch geschrieben wird, ist neu, anderes kommt einem bekannt vor und wieder anderes ist erklärbar. Die Herausforderung für den irdischen Geist ist der Sprung, den er machen muss, um seine Welt mit anderen Augen, mit den für die ganze Wahrheit aufgeschlossenen Augen zu sehen.

X. Entartung

Eine vereinfachte, aber dafür eine leicht verständliche Betrachtung einer Entartung sei an dieser Stelle herangezogen. Es ist die Definition von Kapital (von Oxford Languages):

Kapitalismus ist eine Form der Wirtschaft und Gesellschaft auf der Grundlage des freien Wettbewerbs und des Strebens nach Kapitalbesitz des Einzelnen.

Wenn wir so etwas lesen, denken wir uns doch nichts dabei. Stellen wir uns einmal vor 200 Jahren vor, als der Feudalismus noch vertreten war. Damals hätten wir uns gedacht, wie toll doch der Kapitalismus wäre, wenn es ihn denn gäbe. Von Kapital sind alle Menschen betroffen, sobald sie am allgemeinen Tausch- und Warenhandel teilnehmen. Doch nur ein Teil profitiert davon. Das mag an den unterschiedlichen Charakteren liegen, aber vor allem daran, dass wir unterschiedlichen Wert auf Einkommen, Gewinn und Sparen legen.

Sobald Menschen miteinander handeln, entsteht Kapital, weil die Dinge, mit denen man handelt, für die Handelspartner einen Wert darstellen. Im Laufe der Jahrtausende des Handelns sind natürlich einige Eigenschaften dazu gekommen. Auch im Zuge der Industrialisierung. Im Wesentlichen beschreibt Kapital heutzutage die Zugehörigkeit der Produktionsmittel, die auch privat sein dürfen. Dieser Gedanke fördert das menschliche Grundbedürfnis nach Eigentum.

Was dabei nicht berücksichtigt wird, ist eine während unserer Entwicklung zum Menschen entstandene Eigenschaft, die Gier. Sie war nötig, als es noch ums fressen oder gefressen werden ging. Daher ist sie mehr oder weniger in allen Menschen vorhanden. Sie kann in unserem Verhalten so dominant werden, dass wir es selbst nicht bemerken, aber unsere Umwelt sie zu spüren bekommt.

Wir haben einerseits Kapital unserer Kontrolle entzogen, weil wir der Entwicklung freien Lauf lassen wollten und mussten. Andererseits haben wir uns dadurch abhängig gemacht. Es fehlen Grenzen - im Fall von Kapital die Begrenzung von Gewinnen und Eigentum, egal in welchem Besitz es sich befindet.

Wir haben sinnbildlich einen Panzer geschaffen, der fast nicht mehr gestoppt werden kann. Die wenigsten können wissen, welche Quelle der Macht damit geschaffen wurde. Deutlicher wird die Entartung von Geld am Beispiel von Kapital erst, wenn man die Anfänge betrachtet. Anfangs war der einfache Tauschhandel und was daraus im Laufe der Jahrtausende geworden ist:

1. Kapital wird nicht nur für Investitionen benötigt, sondern auch um kriegerische Handlungen auszuführen.

2. Kapital wird benötigt, um zu manipulieren. Gemeint ist die „erlaubte" Manipulation z. B. durch Werbung und die gesetzeswidrige Manipulation z. B. durch Bestechung.

3. Kapitalismus = grenzenlose Gewinne = Macht für wenige.

Mit Kapital werden Menschen und Staaten gelenkt.

Auch für Entartungen gibt es unterschiedliche Definitionen. In diesem Buch wird Entartung so verstanden, dass die ursprüngliche Idee verloren gegangen ist und für andere Zwecke missbraucht wird.

Vereinfacht war die Idee von der Ansammlung von Kapital aus verschiedensten Quellen, genügend Geld für die Industrialisierung zusammen zu bekommen. Doch am Beispiel von Kapital kann man eine Entwicklung beobachten, die nur noch von uns allen zu kontrollieren wäre, indem Grenzen gesetzt würden.

Menschen haben bewiesen, dass es möglich ist, Kapital zu kontrollieren. Das haben viele Staaten im Jahr 2021 gezeigt, in dem für internationale Konzerne Steuersätze festgelegt wurden. Ein Irrtum wäre, dass mit dieser Entscheidung auch Kapital kontrolliert wäre. Dazu müsste man schon Ideenreicher sein. Die Herausforderung ist da, jetzt liegt es an den mächtigen Menschen, aktiv zu werden und ihrer Macht einen Sinn zu geben.

Menschen sind nicht nur für sich selbst verantwortlich, sondern auch für ihre Umgebung und auch für die Menschheit.

X. Höhere Sinne

Nicht traurig sein, wenn sie nicht vorhanden sind oder erst später im Leben ins Bewusstsein rücken. Wir brauchen sie dann für dieses Leben schlichtweg nicht. Wir haben unsere höheren Sinne, aber wir brauchen sie nicht in jedem Leben. Sie könnten sogar bei dem Erfahrungsprozess des EGO hinderlich sein oder sogar stören. Was ist unter höhere Sinne gemeint?

Es ist die Wahrnehmung unseres Geistes, nicht unseres Körpers. Wir werden schon von Geburt an darauf trainiert, die körperliche, d. h. die organische Wahrnehmung anzuwenden. Diese verstehen wir schnell, wenn wir die Signale des Körpers und insbesondere des Gehirns empfangenen. Sie sind direkt, wirken direkt auf unseren Körper und sind aus den Mitteln der Materie, die die körperliche Entwicklung über Jahrmillionen herausgebildet hat. Sie ist auch unverfälscht. Achtung, dieser Begriff könnte leicht auf die falsche Fährte führen. Wir bekommen über unsere körperlichen Organe das zu hören, zu sehen oder zu fühlen, was wir aus unserer Umwelt wahrnehmen sollen. Daher das Wort unverfälscht.

Die Sinne des Geistes sind die gleichen. Was wir über sie wahrnehmen, ist allerdings die Wahrheit. Wenn wir über die höheren Sinne beispielsweise etwas hören oder sehen, können wir uns im räumlichen oder zeitlichen Abstand befinden, aber es hat sich so zugetragen.

Wir führen ja dieses Leben, damit unser EGO heranreifen kann. Ziel von jedem Leben hier auf der Erde ist es, unsere Individualität heranzubilden. Das tun wir, indem wir unser EGO erleben und ausleben.

Das mag sich komisch anhören. Aber was würde einen besseren Lerneffekt für uns bieten, wie ein Leben selbst zu führen. Zeit spielt in unserer Existenz keine Rolle. Nur in der Materie, weil sich hier alles verändert und nach unserem körperlichen Empfinden - vergeht. Wir könnten in einem Leben ein Gladiator in Rom sein, in einem anderen Leben eine Mutter, die versucht ihre Kinder groß zu ziehen und in wieder einem anderen Leben ein Soldat im 2. Weltkrieg.

Diese Vorstellung braucht schon unsere Fantasie und unseren Glauben. Alleine die Vorstellung, dass wir wiedergeboren werden, ist so abwegig für unser EGO, dass wir nur einen Kommentar haben: Spinnerei. Bis dann unsere Seele eines Tages einen Weg findet, unserem EGO zu zeigen, dass es doch so sein könnte.

Wir sind für unsere Individualität verantwortlich. Wir bilden sie mit der Hilfe unserer Seele aus und entscheiden uns vor jedem Leben neu, ob wir das nächste Leben für unsere Vervollkommnung noch brauchen oder nicht. Diese Leben führen wir nicht, um unsere höheren Fähigkeiten auszuleben. Unsere höheren Fähigkeiten, wenn sie uns ständig zur Verfügung stehen würden, würden uns nur von unserem Ziel ablenken. Wir sind hier, um uns zu vervollkommnen. Wir leben dazu unser EGO und finden unsere Individualität.

X. Irdischer Körper

Unser irdischer Körper besteht aus Materie. Damit wir mit ihm so umgehen, als wären wir eins und zusammengehörig, haben wir keine Erinnerung an das, was vorher war. Es ist die Voraussetzung überhaupt, dass wir keine Erinnerung mehr haben. Das ist für den Lerneffekt die Voraussetzung. Andernfalls ließe sich unser EGO nicht unbeeinflusst als Chef integrieren.

Da aber unser EGO glaubt, es sei Chef, auch über uns, kann es seinen Horizont ausspielen. Dieser Horizont wäre aus unserer Gesamtschau ziemlich klein. Wenn wir unser SEIN mit in dieses Leben einbringen würden, würde uns unser Leben hier auf der Erde nicht die Erfahrungen bringen, die wir gerne machen würden.

Das lässt sich am besten an einem Beispiel erklären. Wenn ein Koch nur für sich alleine kochen würde, würde er nach Lust und Laune kochen, so wie es ihm gerade in den Sinn kommt. Wenn ein Koch für eine Gesellschaft kocht, bereitet er die Speisen so zu, wie es die Gäste von ihm erwarten. Er würde nicht unbedingt nach seinem eigenen Geschmack gehen und er würde sehr wahrscheinlich keinen Versuch starten und schon gar nicht etwas auch für ihn Neues servieren lassen.

So ist es auch nach diesen Zeilen. Wir sind an einer Grenze der Erkenntnis. Es ist wie vor Zeiten, als Menschen Feuer machen entdeckten. Sie hatten vor dem Feuer Angst, weil wenn es nicht kontrolliert wird, es vernichten kann. Oder zu einer anderen Zeit, als Menschen erkannten, wie man Metall gewinnt und verarbeitet. So ist es auch wieder heutzutage, wo wir lernen, dass wir mit dem Tod nicht sterben.

X. Hochzeit irdischer Körper - geistiger Körper

Dies ist ein schwieriges Thema, weil die Zeugung berührt wird und es wichtiger ist, was danach geschieht. Wir mögen den Zeugungsakt überbewerten. Das wirklich Bedeutende ist zu einem späteren, dafür geeigneten Zeitpunkt. Es ist die Vereinigung des neuen Körpers mit der Seele. Ein Körper ist zu dieser Zeit noch eine Anhäufung von Zellen und reift erst später zu einem menschlichen Körper heran.

Der wichtige Augenblick ist der, wenn sich eine Seele, die das menschliche EGO als Oberbegriff und damit das Bewusstsein und den Willen behütet, sich mit dem menschlichen Körper vereint. Die anderen Funktionen oder besser die anderen Möglichkeiten bleiben beim spirituellen Wesen in dem für uns nicht erreichbaren Bereich. Die Seele ist im übertragenen Sinn hier auf der Erde das Gefäß für unser Bewusstsein und unseren Willen. Wir selbst wissen von diesem ganzen Geschehen nichts. Wir wachsen heran, führen unser Leben und sammeln dabei im Idealfall die Erfahrungen, die unser Wesen noch braucht. Es ist kein leichter Weg, ein Mensch zu werden. Es braucht die Leben hier auf der Erde und zusätzlich einiges an Ausbildung, damit wir zu dem vollständigen Wesen im Sinne Gottes werden.

Jetzt wird es für den Leser kompliziert. Was ist der Unterschied zwischen einer tierischen Seele und einer menschlichen Seele? Und was passiert mit dem „Zellhaufen", wenn eine Seele die Lebensfunktion übernimmt? Wie das genau abläuft, würde nur unsere wissenschaftliche Neugier befriedigen und nicht die Bestimmung dieses Buches erfüllen. Dieses Buch hat einen anderen Zweck - die Information über das Weiterleben des

Menschen nach dem Ableben seines irdischen Körpers zu liefern.

So viel sei an dieser Stelle und in diesem Buch gesagt:

Die körperliche Zeugung findet im Augenblick der Vereinigung von männlicher Samenzelle und weiblichem Ei statt. Danach kommt eine Phase, die vor allem dem Schutz des heranreifenden menschlichen Körpers dient. Das noch ungeborene Bewusstsein verbindet sich zu einem späteren Zeitpunkt mit dem „Zellhaufen", der einmal der Körper für eine Seele wird.

Die Verbindung findet dann statt, wenn der neue Körper so weit lebensfähig ist, dass er die Lernaufgabe des Egos, das in der Seele ruht, befriedigen kann. Der ungeborene Körper benötigt nicht nur Zeit, sondern auch Schutz aus der spirituellen Welt. Bitte diesen Schutz nicht irdisch mit Schwert und Schild sehen. Gemeint ist der spirituelle Schutz. Leben findet nicht nur auf der Erde statt, sondern auch in Bereichen, die für uns Menschen noch nicht zugänglich und auch nicht erklärbar sind.

X. Heilung

Heilung, wie wir sie kennen, ist lediglich ein reparieren. Das Heilen bzw. das Reparieren ist kein Duplizieren. Duplikate gibt es nur in unserer Vorstellung, nicht im Leben. Im Leben gleicht kein Stein dem anderen. Jedes Ding hat seine Besonderheiten, die es von anderen unterscheidbar macht. Das ist ein Grund, warum alle Lebewesen Originale sind.

In diesem Sinne bedeutet Heilung für unseren Körper, dass etwas Vorhandenes repariert wird. Wenn das Vorhandene nicht mehr repariert werden kann, muss es ersetzt werden. Dies kann ein Körper nicht. Er kann zum Beispiel ein kaputtes Herz nicht ersetzen. Unsere Medizin kann das schon. In manchen Fällen mag Ersetzen sinnvoll sein, in anderen weniger. In vielen Situationen haben die Menschen, die sich um einen Ersatz kümmern, keine Zeit und deshalb keine Möglichkeit, lange Entscheidungsprozesse durchzuführen.

Oft ist Hilfe für Betroffene angesagt. Und nur medizinisches Fachpersonal kann die benötigt Hilfe geben. Die Konsequenzen der Hilfe müssen zu einem späteren Zeitpunkt behandelt werden. Eine Konsequenz wäre beispielsweise, dass Leid verlängert wird. In eine persönliche Entscheidung sollte einfließen, ob man in diesem Leben noch etwas dazu lernen will oder es einen anderen wichtigen Grund gibt für eine Verlängerung des körperlichen Lebens. Wenn man weiterleben möchte, weil die Angst vor dem sterben überwiegt, muss dies der Betroffene selbst entscheiden können.

Zum Glück geht es nicht immer um Leben und Tod, sondern um einfache Heilung. Wenn wir der Medizin bei unserer Heilung helfen wollen, sollten wir auf unsere Krankheit eingehen.

Es geht dabei um das Verständnis dafür, was uns unsere Seele durch die Krankheit mitteilen möchtet. Der Krankheit mit einem Medikament begegnen und so zu tun, als gäbe es sie nicht, hilft unserer Seele bei ihrem Versuch, uns etwas beizubringen, nicht weiter.

Ein kleines Beispiel zum Verständnis. Ein älterer Herr kann wegen plötzlicher Schmerzen in einem Fuß kaum laufen. Die Heilung kommt neben der medizinischen Betreuung auch durch Beobachtung und Mitfühlen mit dem Fuß. Und plötzlich steigt das traumatische Erlebnis aus seinem Unterbewusstsein (Seele) als Erinnerung in ihm zu seinem Bewusstsein auf. Als kleiner Junge vor vielen Jahrzehnten ist er von einem zu hohen Baum gesprungen. Die Schmerzen heute in seinem Fuß erinnern ihn an die starken Schmerzen von damals, als er noch ein kleiner Junge war.

Der ältere Mann pflegt und behandelt seinen Fuß und nach einiger Zeit verschwinden die Schmerzen. Heilung ist erfolgt. Er hat nicht nur sich geheilt, sondern auf der Seelenebene auch den kleinen Jungen. Es gibt einen Zusammenhang, den wir mit den Mitteln der Realität nicht verstehen können, mit den Mitteln unserer Seele schon. Der Zusammenhang ist wie folgt: Die Verletzung des kleinen Jungen ist da, die Schmerzen auch. Sie sind so stark, dass sie sich im Unterbewusstsein verankern. Sie werden traumatisch.

Der ältere Mann sorgt nach vielen Jahrzehnten dafür, dass sein Fuß heilen kann. Er ermöglicht die Heilung nicht nur in seinem Fuß, er bringt sie auch unterbewusst zu dem kleinen Jungen. Für den kleinen Jungen waren die Schmerzen da und niemand konnte ihm helfen. Bis die Schmerzen auf einmal weg waren.

Ist die Vorgehensweise unserer Seele verständlich dargestellt? Für unsere Seele gibt es keine Zeit und keinen Raum. Sie kann dann und dort wirken, wo sie es für richtig hält. Der Dank für den alten Mann ist direkt, er kann wieder laufen.

Das ist das seelische Prinzip der Heilung. Verstehen, warum etwas nicht so funktioniert, wie man gerne möchte. Es dann in Gedanken oder in Realität besser machen und dadurch sich selbst, seinem Körper, seiner Seele und eventuell der Umwelt zeigen, dass man gelernt hat und es besser machen würde.

Wichtig für uns ist, dass wir im Einklang mit unserer Seele sind. Man kann zu ihr zur leichteren Akzeptanz durch sich selbst oder der Umwelt auch Unterbewusstsein sagen. Hauptsache ist doch, dass unsere Seele in unserem Leben ihren Platz einnehmen kann.

X. Leben

Zweidimensionale Betrachtungsweise:

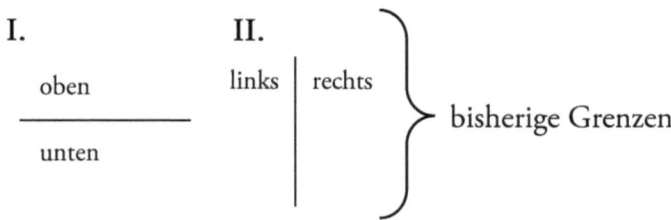

An diese Grenzen, die wir schon in mehreren Leben kennengelernt haben, haben wir uns schon gewöhnt. Sie sind, wenn wir es so wollen oder auch definieren, zweidimensional. Beispielsweise ist dieser Politiker ein Linker, jener ein Rechter. Oder diese Entscheidung ist progressiv (links), während eine andere Entscheidung mehr bewahrend (rechts) ist.

Und jetzt wird es spannend. So wie wir die Welt betrachten, ist sie nur ein kleiner Teil dessen, wie wir die Welt betrachten würden, wenn wir nur Vertrauen in unser Können hätten. Dann käme die dritte Dimension dazu, die unseres Geistes. In den ersten zwei Dimensionen brauchen wir unseren Körper. Unsere körperlichen Sinne helfen uns, unsere Wahrnehmung nach den obigen Gesichtspunkten zuzuordnen. Unsere geistigen Sinne helfen uns, über die räumliche und zeitliche Begrenzung der Materie hinaus zu schauen. Deshalb auch die Sprache von „höherer Wahrnehmung". Im Grunde ist es einfach. Zu den zwei bekannten Formen der Wahrnehmung kommt noch eine dritte Form.

Mit einer Grafik erklärt, sähe das ungefähr so aus:

Dreidimensionale Betrachtungsweise:

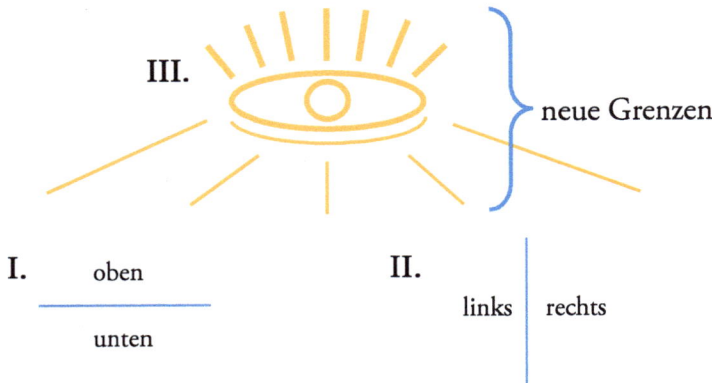

Auf der Erde sind wir an der Grenze vom materiellen Leben zum geistigen Leben. Wobei die Grenzen nicht sauber, d. h. in einer Linie bestehen. Das „nicht sauber" getrennt sein bedeutet, dass diese Grenzen meistens für uns körperlich nicht erkennbar sind, weil sie mit den Sinnen unseres Körpers nicht wahrnehmbar sind. Gesellschaftliche und staatliche Grenzen können aufgrund unserer Erziehung, Gesetzen, gesellschaftlichen Normen oder Glauben annähernd eingehalten werden. Die Grenzen, die wir im zwischenmenschlichen Bereich anwenden, haben wir größtenteils durch Erziehung kennengelernt. Wenn wir alle Grenzen mehr oder weniger einhalten, können wir meistens ein geregeltes Leben führen.

Was wir durch äußere Einflüsse nicht lernen, ist die inneren Grenzen einzuhalten. Ab wo tut es weh, wo liegen meine Grenzen oder wieweit darf ich bei Menschen gehen, bis es ihnen wehtut? Diese Fragen können wir nur sicher beantworten, wenn wir in unserem Leben selber entsprechende Grenzen kennengelernt haben. Dafür leben wir hier auf der Erde, weil wir es direkt spüren oder wahrnehmen, wenn wir die Grenzen von uns selbst oder von unserer Umgebung, seien es Mitmenschen, Tiere oder die Natur, verletzen.

Die größte Herausforderung für uns ist, die Grenzen zur spirituellen Welt wahrzunehmen. Zu dieser Erklärung muss ein wenig ausgeholt werden. Das Leben, so wie wir es kennen, findet in vielen Bereichen statt. Die Materie ist auch eine Form von Energie, die sich allerdings verändert. Andere Formen der Energie kennen wir noch nicht. Das bedeutet aber nicht, dass es sie nicht gibt. Das Leben, so wie wir es in der Materie kennen, hat hier die bestmögliche Entwicklung erreicht. Weiter als diesen Stand der Entwicklung, den die Menschen hier auf der Erde erreicht haben, geht es auf dieser Ebene nicht. Die Grenzen der Materie sind erreicht. Lassen Sie sich nichts anderes einreden. Die wesentlichen Entdeckungen sind gemacht. So wissen wir, was Strom ist und die Kombination von Entdeckungen, wie beispielsweise Motoren, sind auch gemacht.

Wir können hier leben, so wie es Menschen, die die materielle Erfahrung machen wollten und mussten, es schon immer getan haben. Den Stau an Menschen hier auf der Erde haben wir nur, weil ihnen hier zum einen die Erinnerung an das, was sie wirklich sind, fehlt und zum anderen, weil verschiedene Kräfte versuchen, Menschen hier zu halten. So haben wir Seelenanteile bei Rückführungen in allen erdenklichen Situationen gefunden und mussten sie zurück ins Licht führen.

Deshalb wurde die moderne Medizin an anderer Stelle so ausführlich erklärt. An ihr wurde die Möglichkeit des Haltens einer Seele in einem Zustand erklärt. Es macht einen Unterschied, ob man einem Menschen dabei helfen möchte, möglichst gesund weiter zu leben oder ob man ihn, egal wie, am

Leben halten möchte. Das ist zu Beginn eine ethische Frage an Mediziner, sobald die Frage aber eindeutig beantwortet werden kann, eine Frage an die Gesellschaft und damit an die Menschen.

Die Menschheit kann sich nur weiter entwickeln, indem sie die Grenzen der körperlichen Bewusstheit überschreitet und für sich die Tatsache annimmt, dass sie sich noch weiter entwickeln kann. Nur eben nicht in der Materie. Die Weiterentwicklung der Menschheit findet in feinstofflichen Ebenen statt. Das sind Bereiche, in denen wir nicht unsere gewohnten, körperlichen Formen der Beweisführung anwenden können. Wir können weder messen noch wiegen, wenn wir die Anwesenheit eines geistigen Wesens dokumentieren wollen. Wir können uns derzeit nur mit anderen Menschen abstimmen. Wenn zwei oder besser mehrere Personen die gleiche oder ähnliche Wahrnehmungen hatten, ist von der möglichen Wahrheit auszugehen.

Wir können uns nur dann frei und unbeeinflusst entscheiden, wenn unser Herz und unser Verstand in uns gleichberechtigt sind. Wir lernen auf der Erde nicht nur unsere Individualität kennen, wir lernen auch Mithilfe unseres Verstandes und unseres Herzens, sie gerecht einzusetzen. Die Hoffnung ist, dass das Erkennen von Grenzen in Zukunft durch die höheren Sinne erleichtert wird. Vieles kann man erst nach langer Zeit beurteilen, wenn man gesehen hat, wie sich etwas entwickelt.

Die Trennung zwischen Gut und Böse ist keine Linie, sie ist für uns chaotisch, wie zum Beispiel der Flug eines Bienenschwarms. Er folgt einer eigenen Ordnung. Unsere Aufgabe ist es, zwischen Gut und Böse unterscheiden zu lernen, um entscheiden zu können.

X. Sterbehilfe

Die körperliche Grenze zwischen Leben und Tod liegt zwischen dem Herzstillstand und dem klinischen Tod. Das Letztere ist das Aufhören des Gehirns, Signale des Körpers zu verarbeiten. Mediziner würden sicher ihre Fachausdrücke verwenden. Darum geht es hier aber nicht. Die Frage an dieser Stelle ist, wann ein Mensch oder genauer, dessen Körper stirbt. Im Grunde ist sterben, so wie wir es kennen, der Vorgang, wenn eine Seele ihre Verbindung zum materiellen Körper löst. Es ist der Zeitpunkt, an dem eine Seele aus einem Körper austritt.

Wir geben als Sender die Signale an unseren Körper. Unser Körper hat schon während seiner Entstehung im Mutterleib erfahren und gemerkt, dass er sich ja bewegen kann. Das ist in der Materie eine grundlegende Erfahrung. Das Gehirn hat schon in der Phase der zellulären Heranbildung nichts anderes gelernt, als unsere Signale so umzusetzen, dass sie der Körper verstehen kann. Das Gehirn ist, was einige Forscher schon vermuten, ein organischer Sender und Empfänger. Es schickt unsere Signale an den Körper und es empfängt die Signale der Organe und gibt sie so an uns weiter, dass wir sie verstehen. Deshalb ist die vorgeburtliche Phase und die Baby-Phase, in denen wir lernen, mit unserem Körper zusammenzuarbeiten, so wichtig. Uns als geistigen Wesen bleibt gar nichts anderes übrig, als uns in dem Körper, in dem wir geboren werden, zurechtzufinden. Dazu haben wir vor und nach der Geburt Zeit.

Genau so braucht auch das Gehirn viel Zeit, um sich mit allen Möglichkeiten des Körpers zurechtzufinden. Es ist ein langer Lernprozess, wie sich ein geistiges Wesen und ein materieller

Körper aufeinander einstimmen. Wenn alles gelingt, handeln sie nach vielen Jahren des Lernens so, als wären sie eins.

Anders geht es, wenn es an die Auflösung der Verbindung zwischen dem Körper und der Seele geht. Das kann bei einem Unfall sehr schnell sein, in wenigen Bruchteilen einer Sekunde. Es kann aber auch ein bewusster Vorgang sein, wenn eine Seele Zeit hat und ihre Verbindung zu einem Körper in Ruhe lösen kann, beispielsweise, wenn ein Körper altert.

Der Zeitraum zwischen einem Herzstillstand und dem klinischen Tod, wenn also das Gehirn auch stirbt, wird für die Reanimation genutzt. Dieser Zeitraum kann bei einer Reanimation mehrere Minuten dauern und er ist für Menschen relativ neu. Vor 100 Jahren war die Medizin nicht in der Lage, ein Leben so lange in einem Körper zu halten. Im Prinzip ist *das Leben in einem Körper halten* der richtige Begriff. Eine Seele würde die Verbindung zu einem Körper oft schon lösen, während die moderne Medizin das Leben noch in einem Körper hält.

Wir sind so weit, dass wir Leben noch lange in einem Körper halten können, wenn die Seele eines Menschen schon gehen würde. Wir betrachten solche Situationen gerne unter einem moralischen und ethischen Gesichtspunkt. Man ist verpflichtet, Leben zu schützen. Fragt man in einer Notsituation den Betroffenen? Leben wird oft auch in Situationen hinausgezögert, wenn der Betroffene entscheiden würde, zu gehen. Man denke nur an das Hinsiechen vieler Kranker und auch alter Menschen. Diese Qualen möchte ein gesunder Mensch nicht durchmachen. Wir muten sie jedoch kranken und alten Menschen mit dem viel zu klein gehaltenen, weil auf fehlenden Informationen beruhenden Argumenten der Ethik zu.

Es ist durchaus möglich, dass zukünftige Generationen die Frage nach Sterbehilfe konkreter angehen müssen. Wir sind an einer Grenze, an der es abzuwägen gilt, ob die medizinischen Möglichkeiten und das zusätzliche Leid, das dadurch oft bei Menschen verursacht wird, ohne dass die Entscheider überhaupt von dem Leid etwas mitbekommen, noch im Einklang ist. Im Einklang mit der wahrhaften ethischen Grundregel, dem Respekt vor dem Leben. Dazu gehört auch eine Seele. Dieser Gedanke ist neu, aber erforderlich, weil wir mit unserem höchsten Gut, unserer Seele und damit unserer Verbindung zum Leben und zu Gott, rücksichtslos umgehen. Um diese zu für uns neue Fragen zu beantworten, muss auch das mögliche Leid, das oft genug durch lebensverlängernde Maßnahmen verursacht wird, in die Überlegungen mit einbezogen werden.

Wenn eine Seele gehen möchte, sei es aus einem kranken oder alten Körper oder weil sie die Erfahrung der Trennung machen möchte, haben wir nicht das Recht, einzugreifen. Wir wollen Gutes tun und einem Menschen helfen, in Wahrheit helfen wir nur seinem EGO und versündigen uns an seiner Seele. Diese Frage kann ein Mediziner in einer Notsituation nicht beantworten, er muss dann handeln. Eine Antwort kann nur gefunden werden, wenn die Beteiligten in Ruhe ihre Überlegungen durchführen können.

X. Überprüfung

Wie an anderer Stelle schon geschrieben, lassen sich die geistigen Erkenntnisse schlecht wiegen oder messen. Sie lassen sich daher auch schlecht auf die übliche Weise beweisen. Auch muss es etwas nicht geben, wenn nur eine Person etwas wahrnimmt. Aber: Es besteht gerade bei der Zusammenarbeit mit der geistigen Welt die Möglichkeit eines nicht logischen Ergebnisses. Ein Beispiel wäre eine nicht logische und nicht auf Erfahrung beruhende Heilung.

Bei etwas weniger Wichtigem könnte eine zweite Person die Wahrnehmung bestätigen. Bei einer wichtigen Wahrnehmung ist es besser, wenn möglichst zwei oder besser drei Personen diese oder eine ähnliche Wahrnehmung bestätigen.

Es ist wie bei einem Menschen. Einen Menschen kann man nur nach seinen Handlungen beurteilen, nicht nach dem, was er selbst über sich sagt. Das hängt damit zusammen, dass ein EGO leicht von sich etwas behauptet, was dann bei einer Handlung nicht immer zutrifft, weil bei dieser oft die ganze Person handelt. Man könnte auch sagen: Mit der Handlung verrät eine Seele das EGO. ;)

So ist es auch mit der außersinnlichen Wahrnehmung. Diese lässt sich nur mit gleichartigen Wahrnehmungen von einer, besser mehreren Personen beweisen. Und sie kann erst viel später eintreffen. Beispielsweise: „An diesem Berg wird ein Bergrutsch erfolgen." Wenn zwei oder besser drei Personen das gleiche Ereignis wahrnehmen oder sehen, sollte es als wahr angenommen und Vorsichtsmaßnahmen ergriffen werden.

X. Zukunft

Wie wäre es, wenn die Menschheit verschiedene Dinge für ihre Zukunft beachten würde. Eines ist klar, die Erde, das Sonnensystem und das ganze Universum haben sich nicht für Menschen entwickelt. Wenn die Menschheit sich nicht an die natürlichen, über Jahrmillionen entstandenen Spielregeln hält, ist die Erde die Menschheit schnell wieder los, vom Standpunkt der Erde aus betrachtet. Es ist wie ein Cowboy auf einem wilden Pferd, nur hat das Pferd, in dem Fall die Erde, das weitaus größere Durchhaltevermögen.

Es gibt zwei Alternativen, entweder wir machen so weiter wie bisher. Unser EGO meint, sich die Erde untertan machen zu können und zu müssen, oder wir lernen, mit der Erde in einer Partnerschaft zu leben.

Die Menschheit ist nicht mehr so dumm, dass sie sich durch Kriege selbst vernichten könnte. Wenn aber die Politik, die Wirtschaft und jeder Einzelne nicht einsehen, dass auch die Erde für Menschen begrenzt ist und diese Grenzen weit überschritten sind, könnte es geschehen, dass Menschen diese Uneinsichtigkeit teuer, d. h. mit ihrem Leben bezahlen müssen.

Was spräche dagegen, wenn Menschen, Tiere und Pflanzen auf einem Bauernhof in friedlicher und freundschaftlicher Koexistenz zusammenleben? Was spräche dagegen, wenn wir die Natur nicht als einen Produktionsfaktor sehen würden, den es wie die Mehrheit der Menschen auszunutzen gilt?

Wir wissen nicht, wie die Zukunft der Menschen aussieht, weil die Menschen über ihr Leben selbst entscheiden. Aber wir können einige Hinweise geben, die den Fortbestand der Menschheit ermöglichen.

Es gehört zur Entwicklung der Menschheit, dass sie sich über die Möglichkeiten der Materie hinaus entwickelt. Damit diese Worte richtig verstanden werden: Es ist möglich, dass der Geist mit der Materie im Einklang ist. Die Materie ohne die Bereicherung des Geistes ist nichts, sie ist leblos, ohne leben und eigene Intelligenz. Andererseits eröffnet Materie dem Geist Möglichkeiten der Entwicklung, wie sie ohne das Zusammenwirken nicht denkbar wären.

Um diese Worte mit Bildern klarer zu machen. Schauen wir zu einem Planeten wie dem Mars. Auch der Mars war einmal von Leben erfüllt. Im Vergleich dazu nehmen wir die Erde. Sie ist reich an Leben, könnte aber einmal den Weg vom Mars gehen, wenn wir nicht auf sie aufpassen.

Materie ermöglicht dem Geist beispielsweise das Aufzeigen von Vergänglichkeit oder Fortpflanzung. Wie ist es, wenn Leben erschaffen wird, und wie ist es, wenn es vergeht? Es ist für Menschen nicht wichtig, auf andere Planeten zu reisen. Wichtig für Menschen ist es, ihr EGO kennenzulernen und dafür zu sorgen, dass es bereit ist, Grenzen einzuhalten.

Zur Erklärung: Wir glauben, dass es in unserem Leben um größer, stärker, mächtiger, reicher etc. geht. Solange wir noch in Höhlen lebten, war diese Denkweise sicherlich nützlich. Wir haben uns jedoch weit über Höhlen hinaus entwickelt. Wir könnten damit anfangen, uns selbst kennenzulernen. Wir stehen noch am Anfang. Die Menschheit hat sich noch nicht entschieden, ob sie sich weiter entwickeln will oder nicht. Ob die Erde weiterhin ein Platz wäre, der Weiterentwicklung ermöglicht oder nicht.

Die Menschheitsgeschichte besteht aus mehreren Hürden. Eine war die Überwindung der Steinzeit, als Menschen nur in der Lage waren, aus Materialien ihrer Umgebung Formen zu schaffen. Eine andere Hürde war die Überwindung des Atoms. Das Kennenlernen der Atomphysik hatte als Voraussetzung die geistige Entwicklung. Eine der Folgen der Entwicklung der Wissenschaften ist unser Entwicklungsstand.

Gemeint ist damit, dass wir heutzutage den Wissenschaften mehr vertrauen wie unseren Religionen. Verwunderlich ist das nicht, entwickeln sich Religionen doch nicht weiter. So gibt es in der katholischen Kirche noch das Zölibat. Macht das Leben etwa in der Wertigkeit zwischen männlich und weiblich Unterschiede?

Sicher wurden zu Zeiten, als Religionen die Führungsrolle über die Menschheit übernommen hatten, viele Fehler gemacht. Fehler werden auch in den Wissenschaften gemacht. Nur wenn Wissenschaften und Religionen in uns die gleiche Bedeutung haben, besteht die Chance zu einer echten Weiterentwicklung.

Die wesentliche Entwicklung der Wissenschaften in der Materie ist erreicht. Viel mehr Erkenntnisse sind aus der Materie nicht mehr zu gewinnen. Jetzt wäre ein geeigneter Zeitpunkt der Zuwendung auf die höheren Fähigkeiten des menschlichen Geistes. Hier sind die Grenzen bei Weitem noch nicht erreicht und hier kann sich die Menschheit weiterentwickeln und in ihrem Wissen voranschreiten.

Die Menschheit steht im Bereich der geistigen Entwicklung eher am Anfang. Das mag manchen überraschen. Man bedenke nur die Stagnation der Religionen in den vergangenen

Jahrhunderten und Jahrtausenden. Wenn es seiner persönlichen Entwicklung dient, kann jeder Mensch Zugang zu seinen höheren Fähigkeiten bekommen. Sie sind da, wir müssen nur unser Bewusstsein dafür öffnen und nachforschen bzw. über sie Wissen erlangen. Ein wenig Selbstdisziplin und Arbeit an sich selbst bedarf es auch - wenn wir uns wirklich entwickeln wollen.

Die höheren Fähigkeiten eines Menschen sind mit den Methoden aus der Erforschung der Materie nicht beweisbar und nicht nachweisbar. Hier müssen schon die Vorstellungskraft und Aufgeschlossenheit für Neues die „Möglichkeiten des Geistes auf den Tisch der Materie" legen. Also an die Aufgabe: Geistige Entwicklung mit der gleichen Unvoreingenommenheit herangehen, wie bei der Erforschung des Feuers oder der Entdeckung des Eisens. Bei beiden war es allerdings eine greifbare Forschung, weil man direkte und nachweisbare Ergebnisse erhalten hat.

Wichtig für die Zukunft ist auch, dass Kinder mit ihrer Angst vor Geistern nicht alleine gelassen werden. Kinder können oftmals Geister nicht sehen, aber ihre Präsenz spüren. Diese mündet leicht in Angst. Die emotionale Wahrnehmung ist ein Weg für Kinder, ihre höheren Sinne kennenzulernen.

X. Zukünftige Generationen

Die Entwicklung der Menschen ist an einem Punkt angelangt, an dem die Grenzen der Möglichkeiten der Materie erreicht sind. Auch wenn wir es noch nicht wahrhaben wollen, eine Weiterentwicklung ist nur möglich, wenn wir geistigen Wesen in einem menschlichen Körper möglichst die Fähigkeiten nutzen, die wir hier zum Ausdruck bringen können.

Das gelingt uns nur, wenn wir endlich bereit sind, die Grenzen der Materie für uns nicht in allen Bereichen als wirksam anzunehmen. Was wir langsam annehmen müssen, um unser Fortkommen zu ermöglichen, ist, dass wir geistige Wesen sind, die in der Materie spezielle Erfahrungen machen. Wir brauchen dazu nicht unbegrenzt hierzubleiben, um in unserer Entwicklung voranzuschreiten.

Es sind viele geistige Wesen in menschlichen Körpern hier, die den Ruf ihrer Seele hören. Sie spüren tief in ihrem Inneren schon, dass sie weitaus mehr könnten. An dieser Stelle braucht es auch eine Entschuldigung. Das eine ist unsere Vermutung um unser eigentliches Sein, das andere ist unser Wunsch nach Anpassung. Wir passen uns an die Materie an, damit wir die Lehren machen können, die wir glauben, dass sie wichtig für unsere Entwicklung sind.

Natürlich ist es für ein geistiges Wesen hochinteressant zu spüren, wie es ist, wenn einem im Mittelalter mit einem Schwert ein Bein abgeschlagen wird, oder wenn man zur Zeit der Französischen Revolution seinen Kopf verliert. Es gibt viele Szenarien, die nur in der Materie vollständig erlebt werden können. Aber ist das alles so wichtig, dass wir unsere Seele unnötig leiden lassen?

Unsere Seele befürwortet natürlich unsere Weiterentwicklung. Aus ihrer Sicht ist es jedoch nicht nötig, dass sie dabei unnötig leidet. Unsere Seele leidet unter Unrecht, egal ob das Unrecht verbal ausgesprochen wird oder ob es durch körperliches, menschliches Leid verursacht wird.

Die Hoffnung ist, dass wenn das Wissen um die Raum- und Zeitlosigkeit auf die Erde gebracht wird, und neben der Vergänglichkeit der Materie auch andere Kräfte im Universum wirksam sind, dass dann die Entwicklungsprozesse der menschlichen Wesen schneller durchlaufen werden können. Der Stau auf der Erde von Menschen würde endlich aufgelöst und insgesamt viel weniger Leid produziert.

So wie Menschen eine Partnerschaft mit ihrem Körper eingehen und dadurch viel lernen können, können sie auch eine Partnerschaft mit ihrer Seele eingehen. Wir irren, wenn wir meinen, dass wir alleine sind. Menschen sind uns in ihrer Entwicklung schon vorausgegangen. Sie lassen uns auch dieses Mal nicht im Stich und helfen uns, soweit sie können, ohne die Gesetze der Materie zu verletzten. Sie beherzigen dabei den Grundsatz, nicht einzugreifen, damit wir unsere Entwicklung nehmen können. Es ist jetzt ein Punkt erreicht, an dem wie bei der Entdeckung des Feuers, Informationen gegeben werden.

Unsere Seele, die Natur, die Erde, die Tiere und die Pflanzen warten nur darauf, dass wir endlich zu dem werden, was wir sind.

X. Eigener Status

- Sepsis (2019 mehrere OPs)
- Aorta Ruptur (2019 Aorta Bypass)
  (5 min + 20 min Herzstillstand mit Reanimation)
- Organversagen (2019)
- Dekubitus (2019)
- Atherom (2019)
- Cholestase, Gallenblase entfernt (2020)
- 180 cm, 85 kg
- über 70 cm Narbenlänge
- über 25 Narben
- über 10 Operationen

Warum schreibe ich das?

Erst die Operationen haben mich zu wirklichem Nachdenken gebracht. Das Zusammenspiel von Geschehnissen, teilweise über viele Jahre, brachte mich zu dem Ergebnis, dass hinter allem ein Sinn steht.

Das Weiterleben ist nach einem solchen Krankheitsverlauf nicht selbstverständlich. Die Operationen wurden von Menschen durchgeführt, die Genesung hat nicht mit Menschen stattgefunden, sondern ausschließlich mithilfe der geistigen Welt.

Mein Ziel in diesem Leben war das Finden von Grenzen.

Bis 2018 wusste ich noch nicht, was mein EGO in diesem Leben lernen sollte. Meine nicht bewusste Aufgabe war es, Grenzen kennenzulernen. Und zwar die passiven Grenzen, also die, die von anderen überschritten werden. Die aktiven Grenzen, also die, die man bei anderen Menschen oder etwas anderem überschreitet, hatte ich in früheren Leben schon kennengelernt und verinnerlicht. Nach fast 40 Jahren Erfahrung mit Rückführungen in aktiver oder passiver Rolle in andere Leben reicht mir mittlerweile das Finden der seelischen Ursache einer Krankheit, um den Heilungsprozess einzuleiten.

Nach den Krankheiten und Operationen in diesem Leben weiß ich jetzt, wo meine Grenzen liegen, auch gegenüber Menschen und allem, was ich liebe. Sie liegen bei meiner Selbstaufgabe. Vermutlich ist das bei allen Menschen so. Die eigenen Grenzen, also die Grenzen, die man gegenüber der Welt hat, sind genauso wichtig wie die Grenzen, die die Welt gegenüber einen selbst hat. Wenn die eigenen Grenzen, die Grenzen unseres Wesens, nicht die Grenzen unseres Egos, nicht eingehalten werden, braucht ein Wesen, sei es die Erde, Pflanzen, Tiere oder Menschen nicht zu leben. Es ist Selbstbestimmung.

Diese Lebenserfahrung, die Grenzen des Lebens in die Realität einzubringen, wäre doch eine gute Herausforderung. Ziel wäre die spirituelle Verwirklichung von Menschen, nicht das Erreichen von Macht und Geld. Zur Selbstverwirklichung gehören:

- Schaffung von Grenzen, wo noch keine sind
- Demokratie als politisches System (nach Schweizer Vorbild)
- Kapitalismus als Wirtschaftssystem, aber mit Gewinngrenzen
- Eigentum, aber begrenzt
- Förderung der Spiritualität
- Religionsfreiheit

**Menschen brauchen Grenzen,
damit wir das Böse in uns überwinden können.**

X. Nachwort zur Seele

Es gibt noch einiges zu sagen, Themen, die sich nicht passend in den Inhalt dieses Buches fassen lassen. Warum überhaupt die Themen in eine Inhaltsangabe ordnen und damit Prioritäten setzen, wo keine sind? Jeder der im Buch vorkommenden Begriffe ist so wichtig, dass sie unsere spirituellen Freunde zur Sprache bringen wollten. Es wird versucht, deren Bedeutung aus ihrer Sicht zu vermitteln. Es gibt in diesem Inhalt nur ein Ordnungssystem, das was ist und wie es sein könnte.

Unsere spirituellen Freunde sind auch Menschen. Sie haben das Leben hier auf der Erde vollzogen und sind in ihrer Entwicklung schon weitergekommen. Sie geben uns Hilfen und Anregungen und machen uns vor allem Mut zum Weiterkommen.

Die Zeilen sollen den Menschen Mut machen, die ihre Seele anfangen, bewusst wahrzunehmen. Sie sollen Mut dazu machen, dass wir den Weg der Entwicklung weiter gehen. Eine Vereinheitlichung passt nicht zu uns, wir alle sind Individuen. Wir passen uns gerne an eine Gemeinschaft an, nur wehren wir uns mit Recht, wenn wir dazu gezwungen werden.

Das Cover zum Buch enthält (nur) einen Regenbogen. Dieser ist ein Sinnbild dafür, dass wir unterschiedliche Leben führen. Mal ein Gläubiges, mal ein Böses. Am Ende, dann wenn es in uns um unsere Einheit geht, sind wir durch die vielen unterschiedlichen Leben zu einer „wissenden Persönlichkeit" geworden. Was wirklich gut ist, braucht nicht mit dem übereinstimmen, was wir hier lernen. Wenn wir das Ende unserer Ausbildung hier auf der Erde erreicht haben, wissen wir dennoch aus eigener Erfahrung, was Gut und was Böse ist.

Es gibt beispielsweise die in jedem Menschen ruhende eigene Heilkraft. Wir machen es manchmal unbewusst, weil sie ein Teil unserer Fähigkeiten ist. Die Rede ist von der Heilung durch Hand auflegen. Wer das auch können möchte, sollte daran glauben, an sich selbst glauben und sich üben.

Die Frage besteht, ob man seine Seele überhaupt verstehen kann. Zur Erinnerung, die Seele ist die Hüterin auf der Erde unseres Egos und damit unseres Bewusstseins und unseres Willens. Da sie göttlicher Natur ist, steht sie mit dem Jenseits in Verbindung. Für sie ist vieles möglich, von dem wir nicht einmal ahnen, dass es das gibt. Für unsere Seele ist die Materie der Ort der Einschränkung. Für uns ist die Materie die derzeit einzige Möglichkeit, zu leben.

Unsere Seele spricht laufend zu uns. Wir würden sie besser und leichter verstehen, wenn wir ihre Sprachen ernst nehmen und uns dadurch mit ihr beschäftigen würden. Dann könnten sich auch die Sprachen unserer Seele irgendwann in eine informativere Version wandeln. Wenn wir einmal so weit sind, können wir auch direkt kommunizieren. Wir benötigen dann die Umwege über unsere Träume, Gefühle oder Krankheiten nicht mehr.

Bis wir so weit sind, haben Träume für uns einen großen Vorteil. Wir können uns ihnen nicht entziehen, auch wenn wir es wollen. In der Erinnerung an sie tun sie oft weh. Wir sollten uns nicht wundern, wenn wir uns anfangs an ekel- oder schmerzhafte Träume erinnern. Unsere Seele testet uns und prüft unsere Ernsthaftigkeit. Wenn wir uns mit Träumen beschäftigen, sind sie nicht leicht verständlich für uns. Aber: Wenn wir sie verstehen wollen, sollten wir diese für unsere Seele einfache Sprache lernen. Nur für uns ist sie schwer.

Träume sind eine Möglichkeit, wie sich unsere Seele mitteilen kann. Gefühle sind eine andere. Bei Gefühlen müssen wir auch lernen, sie richtig zu verstehen. Beispielsweise kann ein depressives Gefühl darauf hinweisen, dass man selbst zu kurz kommt. Die Sprachen der Seele gilt es zu verstehen und ihr zuzuhören, d. h. achtsam mit sich selbst zu sein, sich beobachten und verstehen, was Träume und Gefühle uns sagen wollen. Sobald man Interesse an sich selbst hat, ist das auch ein Kennzeichen dafür, dass man Interesse an seiner Seele hat.

Und zum Schluss: Das Buch soll eine Anregung für Menschen sein, die nicht nur glauben wollen, sondern auch bereit sind, zu forschen. Es ist ein Teil unserer Fähigkeiten, dass jeder von uns auf seine ureigene Art auch ein Forscher ist. An sich selbst oder ganz offiziell auch beruflich. Einerseits ist es die Neugier, die uns antreibt. Andererseits vermuten wir, dass das doch noch nicht alles gewesen sein kann. Und so entwickeln wir uns weiter. Wenn Menschen am Glauben weiterarbeiten, dann lassen wir es doch zu. Auch dieses Buch ist nicht vollständig.

Wir sind alle mehr oder weniger, so wie es unser Leben hier auf der Erde erlaubt, Forscher. Wir wissen nicht unbedingt, nach was wir suchen. Wir lassen uns gerne überraschen, am liebsten so, dass es uns und unserem Wesen guttut.

Das Wesentliche wurde in diesem Buch geschrieben. Es ist kurz gehalten, um Lesen und Weitergabe zu erleichtern. Im Haus der Möglichkeiten ist jetzt eine weitere Türe offen. Das Wissen um Feuer war eine Tür, das Wissen um Metall eine andere, die aktuelle ist unsere Unsterblichkeit. Wir können unsere Seele so benennen, dass sie uns wie unsere eigene innere Stimme erscheint. Sei es Bauchgefühl, Unterbewusstsein oder Gewissen. Wählen Sie die Bezeichnung für Ihre Seele, die Sie als Individuum für geeignet halten.

Widmung:

Ich danke den Menschen, die mich auf meinem Weg in irgendeiner Form begleitet haben. Sei es im Kindergarten, Schulen, Ausbildung, Bundeswehr, Studium oder Berufe. Besonders bedanke ich mich bei:

meinem Bruder Herbert,
Freund Hans,
Sonja Bürkle-Klittich,
Monika Schlöbe,
Karl-Heinz Seeger,
Jörg Tritschler.

Über den Autor:

Günther Messerschmid, 1955 im Südschwarzwald geboren und dort aufgewachsen. Es folgte eine Ausbildung, Bundeswehr, Studium und danach die Arbeit in mehreren internationalen Konzernen und im eigenen Betrieb.

Die Beschäftigung u. a. mit Astrologie, Lichtarbeit, Buddhismus, Kabbala und eine Ausbildung zum Reiki-Meister ermöglichte das Erforschen der Grenzen menschlichen Seins. Die Arbeit mit Trauma und Karma ist für ihn die effektivste Methode, die Seele von den Belastungen der Vergangenheit zu befreien.

(Sept. 2019)

Zwei Bücher mit dem Thema „Seele" waren Ende 2018 nach fast 30 Jahren Erkenntnisarbeit geschrieben, aber nicht veröffentlicht. Dazu brauchte es 2019 und 2020 die Erkenntnisse aus normalerweise tödlichen Krankheiten. Unter anderen eine Sepsis, zwei Herzstillstände und ein Organversagen beim Autor brachten die Bereitschaft, das erlangte Wissen weiterzugeben.

Weitere Bücher des Autors:

Das Trauma der Seele

Inspiration, Imagination, Fantasie, Verstand, Denken und Sprache sind nur ein Teil ihres Spektrums. Ihre Fähigkeiten überschreiten bei Weitem das durch unseren Verstand vorstellbare Maß. Unser Gehirn ist lediglich der organische Vermittler zu unserem Körper. Mehr nicht.

Der Ausdruck der Seele kann durch traumatische Erlebnisse behindert oder verhindert werden. Das Buch beschreibt, wie Trauma durch die Verletzung der Integrität unserer Seele entsteht. Es beschreibt auch die Auswirkungen durch Traumas aus diesem und aus anderen Leben und wie sie geheilt werden können.
132 Seiten   ISBN: 9 783748 165798

Dem Himmel so nah

Wir leben im 21. Jh. und können die letzten Fragen, wer wir sind, woher wir kommen und wohin wir gehen, immer noch nicht eindeutig klären. Wir können diese Fragen nicht mit den wissenschaftlichen Methoden beantworten, die uns zum Mond brachten. Wir können jedoch die Antworten in uns finden, indem wir die Fähigkeiten nutzen, die jedem Menschen innewohnen.

Dann wird die Wahrheit zu Wissen, auch wenn wir sie nicht messen, wiegen oder zählen können. Dieses Buch bietet den Ansatz, über Erfahrung mit sich selbst und das Erleben von sich selbst zu sich zu finden, zur Quelle unseres Seins.

190 Seiten   ISBN: 9 783748 181439

Die Wahrheit darf wahr werden

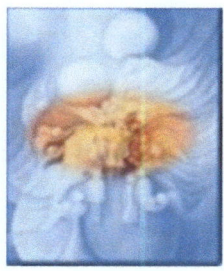

Was an Möglichkeiten und Fähigkeiten in uns schlummert, lässt sich vielfach beschreiben. Aus der Sicht des Heilers werden Wege aufgezeigt, wie Raum und Zeit hinter sich gelassen werden können, um dort zu heilen, wo Krankheiten ihren Ursprung haben.

Das Buch beschreibt auch die Gefahren unserer heutigen Zeit, die in der Tiefe unseres Unterbewusstseins unsere Seele belasten. Es soll informieren, nicht überzeugen. Es ist die Summe von Erlebnissen und Erfahrungen der Zusammenarbeit einiger Menschen über 25 Jahre. Daher sind die inhaltlichen Beschreibungen und Erzählungen nicht mehr subjektiv, andererseits auch noch nicht objektiv, weil gleichartige Erkenntnisse vieler nicht einfließen konnten.

Dies ist die Hoffnung für die Zukunft. Das künftige Generationen sich vermehrt und vertieft mit dem Thema geistige Heilung beschäftigen. Dann vielleicht auch mit wissenschaftlichen Ansätzen, die über die reine Beobachtung der Möglichkeiten hinausgehen.

126 Seiten   ISBN: 9 783752 623970